FACULTÉ DE DROIT DE PARIS

DU

DROIT DE GAGE ET D'HYPOTHÈQUE

EN DROIT ROMAIN

DE L'HYPOTHÈQUE JUDICIAIRE

EN DROIT FRANÇAIS

THÈSE
POUR LE DOCTORAT

SOUTENUE PAR

ALBERT-SIGISMOND GLANDAZ,

AVOCAT A LA COUR IMPÉRIALE DE PARIS

PARIS
IMPRIMERIE ET LITHOGRAPHIE DE RENOU ET MAULDE
RUE DE RIVOLI, 144

1859

FACULTÉ DE DROIT DE PARIS

DU

DROIT DE GAGE ET D'HYPOTHÈQUE

EN DROIT ROMAIN

DE L'HYPOTHÈQUE JUDICIAIRE

EN DROIT FRANÇAIS

THÈSE

POUR LE DOCTORAT

L'acte public sur les matières ci-après sera soutenu

Le Jeudi 25 Août 1859

PAR

ALBERT-SIGISMOND GLANDAZ,

AVOCAT A LA COUR IMPÉRIALE DE PARIS

Président : M. DEVALROGER, Professeur.

Suffragants { MM. PELLAT, *Doyen* ; BUGNET. VUATRIN ; } Professeurs

LABBÉ, Suppléant.

*Le candidat répondra en outre aux questions qui lui seront faites
sur les autres matières de l'enseignement.*

PARIS

IMPRIMERIE ET LITHOGRAPHIE DE RENOU ET MAULDE

RUE DE RIVOLI, 144

1859

A MON PÈRE, A MA MÈRE

DROIT ROMAIN

DU DROIT DE GAGE ET D'HYPOTHÈQUE.

(Digeste, liv. xx ; Code, liv. viii, tit. 14-36).

CHAPITRE Ier

I.

NOTIONS GÉNÉRALES.

L'idée générale du gage ou de l'hypothèque est celle d'un droit réel accessoire, destiné à garantir l'exécution d'une obligation.

Pour expliquer clairement comment et à quel instant apparaît la nécessité du droit accessoire de garantie hypothécaire, il convient de prendre un exemple.

Supposons une personne obligée envers une autre au paiement d'une certaine somme d'argent.

Quelle est pour le créancier la valeur de son droit? On ne peut le savoir avant de connaître la solvabilité du débiteur, et la manière dont la loi commune organise au profit du créancier la contrainte sur la personne et le recours sur les biens.

Or, la solvabilité peut exister d'abord, puis disparaître, et dépendre, en somme, de circonstances diverses qui souvent même seront indépendantes de la volonté du débiteur.

D'autre part, si le débiteur n'exécute pas son obligation, quelles ressources prête au créancier la loi commune?

A cet égard la loi romaine offre des règles bien différentes de celles admises par nos lois.

Qui s'oblige oblige le sien; — les biens d'un débiteur sont le gage commun de ses créanciers; — les créanciers peuvent exercer les droits et actions de leur débiteur..... Tels sont les principes consacrés par nos lois modernes et d'où découlent les droits ordinaires des créanciers.

Exceptionnellement, pour ainsi dire, et seulement dans les cas et sous les conditions déterminées par le législateur, le créancier peut exercer la contrainte par corps.

A Rome, la législation part de principes différents. Les droits du débiteur ne peuvent être exercés que par le débiteur lui-même. Le créancier a bien plutôt une action contre la personne engagée qu'une action sur les biens.

Le droit contre la personne est et doit être, dans ce système, extrêmement rigoureux, afin de la contraindre à comparaître en justice, à y soutenir le procès et à exécuter la condamnation. Ce n'est pas ici le lieu d'insister sur les sévérités de la loi ; il nous suffit de rappeler les rigueurs de la *manus injectio* et de l'*addictio*.

Le progrès de la législation, en introduisant le système formulaire, respecta cependant l'ancienne *addictio*, et se contenta d'organiser auprès d'elle une nouvelle procédure.

Le créancier, après la condamnation, avait l'action *judicati*, qui croissait au double ; mais on aboutissait toujours aux moyens de contrainte directe sur la personne.

Certes, en présence de mesures si sévères, peu de débiteurs devaient se refuser à remplir leurs engagements par simple mauvais vouloir ; mais lorsqu'ils étaient réellement insolvables, lorsque ces règles cessaient d'être comminatoires, alors il fallait bien recourir aux rigeurs du droit civil.

De l'excès même du mal vint le remède. Une des lois arrachées par les émeutes (la loi Pætilia) proclama le principe que le coupable seul et non le malheureux, subirait les peines de la loi, et que les biens et non le corps répondraient de la dette. Déjà même, sous le système des actions de la loi, le droit civil avait, par exception, il est vrai, accordé à l'État la faculté de se faire mettre en possession des biens des condamnés criminellement sur une accusation publique, et cette mise en possession était suivie d'une vente en masse à une personne appelée *sector bonorum*, qui les revendait en détail ; à la même époque, les particuliers pouvaient, mais seulement dans des cas spécifiés et tous réservés au droit politique et religieux, prendre certains objets appartenant au débiteur (*pignus capere*) et les faire vendre. La législation prétorienne s'autorisant de ces précédents et, s'emparant du principe fécond de la loi Pætilia, organisa auprès de la *manus injectio* et de l'*addictio*, la *missio in possessionem*, c'est-à-dire auprès de l'exécution sur la personne, l'exécution sur les biens. Elle aboutissait à la *venditio bonorum*, ou vente en masse de l'universalité du patrimoine du débiteur, par les soins d'une espèce de syndic appelé *magister*, et d'après un cahier des charges (*lex bonorum vendendorum*), au profit de celui qui offrait de payer aux créanciers le plus fort dividende. Bientôt le législateur lui-même adoucit cette législation prétorienne, et, pour éviter au débiteur le double inconvénient de la contrainte par corps et de l'infamie, résultat de la vente forcée, organisa la *cessio bonorum.* C'était l'abandon de tous ses biens fait par le débiteur à ses créanciers; la vente avait encore lieu en masse, mais n'entraînait plus l'infamie. Enfin, comme dernier progrès vint la *distractio bonorum*, introduite d'abord par exception et par privilége, mais qui tendit à remplacer la *bonorum venditio* : la vente avait lieu en détail, et par le ministère d'un curateur aux biens, et le prix était distribué au *prorata* entre les créanciers.

Mais, sans insister davantage sur cette situation faite par la loi commune, il est facile d'apercevoir les dangers auxquels elle expose les débiteurs et ses inconvénients pour les créanciers eux-mêmes.

Le créancier ne peut vendre tel ou tel bien de son débiteur pour obtenir son paiement.

Le créancier n'obtient sur la valeur de la masse des biens qu'un dividende ; il concourt avec les créanciers antérieurs à lui, mais subit aussi le concours des créanciers postérieurs, dont le nombre, en général, s'accroît à mesure que s'aggravent les embarras du débiteur.

Le créancier, enfin, n'obtient ce dividende que sur les biens qui sont encore dans le patrimoine de son débiteur ; il ne pourra pas atteindre ceux qui en seront sortis par des aliénations postérieures à l'obligation contractée envers lui.

L'action paulienne, il est vrai, lui fournissait dans certains cas le moyen de faire rescinder les aliénations faites par son débiteur en fraude de ses droits ; mais ce recours était loin de parer à tous les périls résultant de la faculté d'aliéner conservée par le débiteur, et ne remédiait en rien aux autres inconvénients du droit commun.

De ces incertitudes, de ces dangers inhérents aux obligations naîtra donc souvent la défiance, et cette défiance naturelle, nuisant au développement des rapports de créancier et de débiteur, peut devenir un empêchement à des conventions utiles, une entrave à des intérêts sérieux de part et d'autre. Comment, sinon faire disparaître complétement, au moins diminuer ces périls et ces craintes ?

Le mal vient de la défiance légitime du créancier; rassurer celui-ci est donc le vrai remède. Il craint l'insolvabilité du débiteur; il n'a pas confiance dans la protection de la loi commune ; il faut lui organiser une situation particulière qui lui donne une plus grande sécurité. Ici apparaît l'idée du droit accessoire, de la garantie, de la *cautio,* comme dit le droit romain, qui, assurant les droits du créancier, permet au débiteur d'obtenir ce qui lui est utile.

Ce droit accessoire peut se présenter de deux manières.

Le créancier ne se contente pas de l'obligation du débiteur; il l'acceptera peut-être, si un tiers la fortifie de son obligation. Alors la garantie personnelle est double et diminue ainsi les chances d'insolvabilité. De là la *fidejussio.*

Mais cette intervention d'un tiers n'est pas toujours facile. Le débiteur ne pourra-t-il pas, sans y recourir, arriver au même résultat, se servir en quelque sorte à lui-même de caution, en créant sur ses biens ou sur l'un de ses biens une garantie exceptionnelle au profit du créancier? Ses biens excèdent la somme dont il a besoin; au lieu de les vendre, désastreuse ressource, inutile même, peut-être, puisqu'au jour du remboursement il aura, d'après ses prévisions, le capital nécessaire, ne pourra-t-il pas constituer sur ses biens un droit capable de garantir sa dette? Ne pourra-t-il pas donner au créancier le droit de vendre les biens engagés, pour obtenir son paiement, et le protéger contre les dangers des aliénations postérieures et du concours avec des créanciers inconnus?

Ce droit accessoire, ce sera le droit de gage ou d'hypothèque.

Sans doute le gage et l'hypothèque peuvent aussi être fournis par un tiers, mais ordinairement ils sont établis sur une chose appartenant au débiteur, tandis que la *fidejussio* exige toujours l'intervention d'un tiers.

Cette garantie suppose donc en général à l'emprunteur des valeurs suffisantes pour inspirer la confiance et obtenir ainsi l'argent nécessaire à ses besoins. Cela même fut une des causes les plus puissantes de l'admission et du développement, à Rome, du gage et de l'hypothèque. En rassurant le créancier, ils rendirent inutiles les rigueurs de l'exécution personnelle; et ce droit barbare de l'*addictio*, né avec la société romaine, confirmé plutôt que corrigé par la loi des Douze Tables, défendu contre les soulèvements de la plèbe opprimée, contre l'indignation de la conscience publique, contre l'adoucissement des mœurs et les progrès de la philosophie, par le respect d'un peuple formaliste pour les principes et les institutions nationales, ne disparut tout à fait que devant les perfectionnements apportés par la législation dans les contrats.

Est-ce à dire que l'institution nouvelle ne présentera elle-même aucun inconvénient? Elle donne sécurité au créancier; mais le débiteur peut y souffrir de la double atteinte portée à son droit sur sa chose et à son crédit : désormais, tout engagement lui sera moins facile. Elle peut nuire encore aux créanciers antérieurs qui, plus confiants, n'ont pas montré les mêmes exigences.

C'est qu'en effet le gage et l'hypothèque, accusant la défiance du créancier et son désir de se placer en dehors de la loi commune, ne doivent être, en général et dans un système bien organisé, qu'un moyen jusqu'à un certain point exceptionnel de crédit. Le crédit, vraiment digne de ce nom, est celui qui n'a pas besoin de pareils secours. Car, s'ils devaient se multiplier outre mesure, s'ils devenaient l'accompagnement obligé des rapports de créancier à débiteur, ils ruineraient la confiance, supprimeraient le crédit qui s'attache à la personne même, et dont l'étendue ne se limite pas à la valeur des biens, et seraient bientôt à leur tour la plus gênante de toutes les entraves au développement des contrats.

Institution d'une utilité certaine et pleine cependant de périls, sera-t-elle profitable ou nuisible, fatale ou bienfaisante ? Cela dépendra surtout de sa mise en œuvre, de l'habileté ou de l'inexpérience du législateur.

La législation romaine offre une application frappante de cette vérité. Il faut donc y suivre les diverses transformations de ce droit accessoire et de garantie.

II.

HISTORIQUE.

Dans l'origine, le débiteur dut se dépouiller de sa propriété et la transférer au créancier. Seulement à l'acte d'aliénation, s'ajoutait un contrat particulier par lequel le créancier s'engageait, au cas de paiement ou de satisfaction par le débiteur, à lui retransférer cette propriété ; au cas contraire, il pouvait garder la chose ou la vendre, et se payer sur le prix. Ce contrat s'appelait *fiducia* ou *contractus fiduciæ,* ou encore *lex re-mancipationis;* quant à la chose ainsi transférée au créancier, elle s'appelait *rex nexa* ou *fiduciaria,* ou *fiduciæ data,* ou même simplement *fiducia.*

Le créancier n'avait plus à craindre que le débiteur aliénât, ou que la chose dont la propriété lui était transférée fût comprise dans la vente en masse des biens pour le paiement d'autres dettes. Devenu propriétaire de cette chose, garantie de son remboursement, il pourra la vendre, s'il n'est pas payé par le débiteur, et sur son prix il n'aura pas à craindre le concours des autres créanciers; il a, pour protéger sa propriété et sa possession, toutes les voies de droit accordées au propriétaire, et, notamment, la revendication ; enfin, il a même, en vertu du contrat, une action personnelle, appelée *fiduciæ contraria,* pour le recouvrement des impenses que la conservation ou l'amélioration de la chose a pu lui causer.

Quant au débiteur, il a perdu la propriété et la possession. Il fallait le complet sacrifice de tous ses droits et de tous ses intérêts pour rassurer le créancier. Toutefois, la pratique avait tenté de diminuer le mal qui résultait de cette privation de la propriéte et de la possession, et l'usage avait introduit que le créancier laissât la chose entre les mains du débiteur auquel elle était plus utile. Cela se faisait au moyen d'une location, par exemple. Souvent même, le débiteur obtenait de la confiance et du bon vouloir du créancier la possession *ad interdicta,* que le *pignus* conférait au gagiste. Mais il était tenu de restituer cette possession au créancier à

la première réquisition de celui-ci. C'est ce qu'on appelait *precarium*.

Le droit commun n'organisait d'ailleurs pour le débiteur que deux recours. Le premier, c'était l'action
personnelle née du contrat à son profit, l'action *fiduciæ
directa;* par elle, le créancier, payé ou satisfait, il se
faisait retransférer la propriété de sa chose; au cas
d'aliénation consentie par le créancier avant le terme,
il obtenait des dommages-intérêts, et, au cas d'aliénation consentie par le créancier après le terme, il se
faisait restituer l'excédant du prix sur la dette. Le second, c'était une espèce d'usucapion, moins rigoureuse
et plus brève, connue sous le nom d'*usureceptio*. Elle
s'accomplissait, en effet, par la possession d'un an,
sans distinction de meubles ou d'immeubles, dispen-
sait le débiteur qui avait payé de justifier sa possession, et supposait le paiement toutes les fois qu'il n'y
avait ni *precarium* ni location.

Les imperfections de ce premier système sont évi-
dentes; aussi lui a-t-on souvent reproché son in-
suffisance et même son injustice. Il était insuffisant, car il était loin de pouvoir s'appliquer à tous
les biens qui composent un patrimoine. Il était injuste, car il sacrifiait l'intérêt de l'une des parties.
Si le créancier y trouvait toute sécurité, le débiteur
perdait, avec la propriété de sa chose, la possibilité
de la faire servir à un second engagement et épuisait ainsi d'un seul coup le crédit qu'il lui devait,
quelle que fût d'ailleurs la disproportion entre sa valeur et le montant de la dette; enfin, dans cette combi-

naison, c'est le débiteur qui semble se.fier au créancier; en aliénant, il perd la revendication et n'a de recours contre son créancier infidèle que par une action personnelle, illusoire au cas d'insolvabilité. Toutefois, malgré ces inconvénients, la *fiducia* se maintint longtemps; elle était encore usitée au temps de la jurisprudence classique : Gaïus et Paul nous en parlent. Mais elle avait bien perdu de son importance; elle commençait à disparaître, et c'est en vain que l'on en chercherait même le nom dans les textes des compilations de Justinien.

De bonne heure le droit civil reconnut un autre mode d'engagement. Au lieu de transférer la propriété, on imagina de transférer seulement la possession. Ce transfert eut lieu en vertu d'un contrat compté dans le droit romain au nombre des contrats réels, c'est-à-dire de ceux qui se forment par la tradition de la chose jointe au concours des volontés. Ce fut le *pignus;* la chose engagée s'appela *res pignerata* ou simplement *pignus,* et les actions parallèles, sanctions des obligations corrélatives des parties, furent les actions pignératiennes directe et contraire.

Cette nouvelle forme donnée à l'idée de garantie fut-elle un progrès? La réponse est dans l'examen de la situation que le contrat faisait aux parties.

Le créancier était-il suffisamment protégé contre le double péril que sa prudence avait voulu conjurer? Il l'était bien contre le concours d'autres créanciers : il était possesseur de la chose, et sa possession ne pouvait disparaître qu'à son remboursement; en outre, s'il n'était pas désintéressé, il pouvait faire vendre la chose et obtenir son paiement sur le prix.

Mais, contre les tiers, le gage ne le défendait plus, comme l'avait défendu la *fiducia;* et c'est là peut-être la raison de la longue existence de cette institution primitive, car elle donnait contre les tiers un puissant recours, tandis que le gage par l'absence de tout droit réel laissait désarmé. Au lieu de la revendication, le créancier a les interdits ; au lieu de la propriété, il n'a plus que la possession, non la possession dite *civilis ou ad usucapionem*, celle-ci restait aux mains du débiteur, mais la possession *ad interdicta*, et, ceci est remarquable, les interdits directs et non utiles.

Quant au débiteur, il gardait la propriété et, au lieu d'un recours souvent illusoire par une action personnelle, la revendication ; il retenait même la possession dite *ad usucapionem*, soit dans son intérêt propre, soit dans l'intérêt du créancier.

En résumé, le *pignus* était un progrès sur la *fiducia*, parce que dans ce contrat les règles de l'équité étaient mieux respectées entre les parties. Mais il avait encore de sérieux inconvénients.

Il s'appliquait exclusivement aux choses présentes.

Il privait le créancier des actions contre les tiers, plus puissantes que les interdits.

Il enlevait au débiteur la possibilité d'utiliser l'excédant de la valeur de la chose engagée sur le montant de la dette.

Surtout il le privait de la possession.

Pour obvier à ce dernier inconvénient, la pratique se

souvint du moyen employé jadis contre les dangers de la *fiducia*. Bien que la régularité de cette opération soulevât d'abord quelques difficultés, on recourut au *precarium*, et Ulpien (l. 6, § 4, **D.** *de precario*) nous dit qu'il est fréquent de voir le créancier gagiste restituer par ce moyen la possession au débiteur. Sans doute c'était là une ressource bien incertaine, car elle laissait le débiteur exposé aux caprices du créancier qu'une pareille convention ne liait aucunement. Elle pouvait être dangereuse même, car aucun signe extérieur n'avertissait plus les tiers de l'existence du gage. Or, un tel fait, s'il fût devenu général, auraitpu altérer singulièrement le crédit et être aussi fatal aux débiteurs que la perte même de la possession.

Cependant cette nouvelle combinaison, à l'époque où elle se produisit, était encore un progrès ; en effet, la situation du créancier gagiste retransférant au débiteur, au moyen du précaire, la possession *ad interdicta*, le débiteur conservant d'ailleurs la possession dite *civilis* et la propriété, cette situation, disons-nous, différait peu, au moins en fait, de celle du créancier hypothécaire, telle que nous l'étudierons plus tard. Il n'y avait plus qu'un pas à faire dans cette voie, et l'hypothèque était trouvée. Ce pas, ce fut le droit prétorien qui le franchit.

A une époque inconnue, mais probablement antérieure à l'établissement de l'Empire, un préteur, nommé Servius, imagina de créer, sans recourir au transport de la propriété ou même de la possession, un droit qui permît au créancier de suivre la chose entre les mains des tiers, de la vendre même sans clause expresse, et lui assurât la préférence sur le prix. Ce droit, une simple convention suffit à l'établir. Fidèle à ses habitudes, la législation prétorienne ne l'introduisit pas d'abord d'une manière générale, mais pour un cas spécial, celui d'une convention intervenue entre le bailleur d'un fonds rural et le fermier. Cette origine de l'hypothèque chez les Romains s'explique aisément. En effet, s'il fallait en ce cas ménager les intérêts du propriétaire, il fallait aussi songer que les objets servant à l'exploitation du fonds sont souvent la seule ressource du locataire. D'ailleurs, ce sont des *res invectæ, illatæ in fundo,* et cette circonstance dut aider à faire admettre l'innovation : dans leur présence sur le fonds, on put voir comme une espèce de possession pour le propriétaire.

Quoi qu'il en soit à cet égard, on ne s'en tint pas là, et l'hypothèque, une fois introduite dans le droit romain, devait y jouir d'une singulière faveur. Servius avait admis qu'une simple convention pouvait engendrer une action contre les tiers; son idée fut recueillie et généralisée par ses successeurs, et le bénéfice qu'il avait imaginé pour un cas spécial fut facilement étendu. Il suffit dès lors d'un simple pacte pour autoriser, au profit d'un créancier quelconque, une action réelle appelée quasi-servienne, servienne utile ou hypothécaire. Bientôt même, l'usage d'abord, puis les constitutions des empereurs créèrent un nombre toujours croissant d'hypothèques tacites.

L'introduction de l'hypothèque eut pour résultat

immédiat d'améliorer la situation du créancier gagiste. En effet, nous avons vu le gage, dans son dernier état, présenter déjà tous les éléments de l'hypothèque, c'est-à-dire la convention autorisant le créancier
à vendre la chose au cas de non-paiement; de plus,
même, le créancier avait la possession. Ce qui man-
quait, c'était l'action contre les tiers; mais cette action
reconnue au profit du créancier qui n'était même pas
possesseur, comment la refuser au créancier qui possédait? Aussi l'action hypothécaire fut-elle accordée au
créancier gagiste, et, de ce moment, les termes *gage* et
hypothèque devinrent, pour ainsi dire, synonimes. Ce
n'est pas que l'on confondît le contrat de gage et la convention d'hypothèque; sans doute, quand on voulait
parler rigoureusement, on les distinguait par la circonstance de l'existence de la tradition dans un cas et
de son défaut dans l'autre, et cette différence avait ses
conséquences en droit; mais quant aux caractères es-
sentiels du rapport juridique, quant au droit créé, soit
par le contrat de gage, soit par le pacte d'hypothèque,
ces deux espèces s'accordaient entre elles.

Justinien nous le dit dans ses *Institutes* (Inst., *de act.*
§ 7), et Marcien (L. 5, § 1, D., *de pigno. et hyp.*) reproduit cette même idée dans une formule dont la
brièveté a presque fait un adage : *Inter pignus et hypo-
thecam, tantum nominis sonus differt.*

Cette troisième forme, revêtue par l'idée de garantie, était un véritable progrès. D'une pratique simple
et facile, elle pouvait s'appliquer à des choses que ne
comprenaient ni la *fiducia* ni le *pignus*, et s'étendre

même à tous les biens composant le patrimoine dans le présent et dans l'avenir. Plus équitable que la *fiducia,* elle protégeait également les intérêts rivaux, non pas, comme le *pignus,* en gênant l'une et l'autre partie, mais en assurant vraiment leurs droits et en laissant, autant que possible, à chacune d'elles toute sa liberté d'action.

Contre le danger des aliénations postérieures, le créancier avait le droit de suite et l'exerçait directement sur la chose, quel qu'en fût le détenteur.

Contre le danger du concours d'autres créanciers, il avait et le droit nécessaire pour parvenir à la vente de la chose, afin de se payer sur le prix, malgré le mauvais vouloir du débiteur, et son droit de préférence qu'il exerçait en soustrayant à la masse partageable la valeur de l'objet engagé, du moins jusqu'à concurrence du montant de sa créance.

Quant au débiteur, il gardait la propriété et la possession de sa chose, et conservait la possibilité, si sa valeur excédait le montant de la dette, de la faire servir à un nouvel engagement,

Est-ce donc à dire que la législation fût parvenue à la perfection, et que le système hypothécaire romain ne donne prise à aucun reproche? Il n'avait protégé les parties qu'au détriment des tiers : en faisant découler d'une simple convention un droit si dangereux, le préteur avait oublié d'y attacher aucune condition de publicité; lacune d'autant plus singulière, qu'elle ne se retrouve pas dans le droit athénien, où les Romains avaient puisé sinon l'idée de l'institution, au moins son

nom. En effet, pour indiquer l'existence des hypothèques, les Athéniens plaçaient des écriteaux sur les pro-
priétés grevées de ce droit ; c'était là, sans doute, une
publicité grossière et tout à fait primitive, mais le principe existait. Le droit romain chercha à y suppléer par
des peines sévères contre le stellionat : c'était punir le
mal commis, au lieu de le prévenir ; et ce ne fut que
bien tard, encore d'une manière incomplète, comme
nous le verrons, que l'on songea à réparer ce vice essentiel de la législation.

III.

CARACTÈRES GÉNÉRAUX DU DROIT DE GAGE OU D'HYPOTHÈQUE.

Jusqu'à présent, l'étude des rapports de créancier à débiteur nous a révélé la nécessité et l'origine
de l'idée accessoire de garantie, et l'exposé rapide de
ses transformations successives nous a conduit à l'hypothèque, c'est-à-dire à la convention faisant naître un
droit, qui, tout en respectant la situation du débiteur,
donne sécurité au créancier. Il faut maintenant, avant
d'aller plus loin, chercher à caractériser ce droit.

Tout droit est réel ou personnel. A laquelle de ces
deux classes appartient le droit de gage ou d'hypothèque ? Telle est la première question, et, pour faire comprendre sa difficulté, il suffira de dire qu'aujourd'hui
même encore elle divise les auteurs. Les uns, frappés
de quelques conséquences qu'entraîne sa nature de
droit accessoire, son extinction, par exemple, avec le
droit principal qu'il assure, et cela par la volonté seule

2

de celui dont il affecte la chose, s'autorisant d'ailleurs des termes employés par les textes : *res obligatur, tenetur, liberatur, pignoris obligatio, rem in obligationem deducere*, etc.... toutes expressions qui semblent indiquer une obligation, ont refusé au droit de gage ou d'hypothèque le caractère de droit réel ; pour eux, le gage est une obligation de la chose corrélative à celle de la personne. D'autres pensent que c'est un droit réel participant à la nature des obligations et le qualifient de droit réel de créance.

Pour nous, ce qui importe, c'est moins, ce semble, la qualification d'un droit, que l'accord sur ses caractères et ses effets principaux. Or le droit de gage ou d'hypothèque confère certainement au créancier ce que nous appelons le droit de suite, c'est-à-dire la faculté de réclamer l'objet du gage de tout détenteur, le droit de le vendre lorsque le débiteur ne paie pas sa dette, et le droit de préférence, c'est-à-dire la faculté d'obtenir l'exécution même de l'obligation principale ou son équivalent sur la valeur de la chose, et cela de préférence à tous autres créanciers. Cet ensemble d'effets ne présente-t-il pas tous les caractères du droit réel, s'il est vrai que le droit réel soit celui que le sujet exerce directement sur la chose, à l'exclusion de tous autres, chacun étant uniquement tenu de s'abstenir d'y mettre obstacle ?

Toutefois, l'objet du droit de gage peut avoir une singulière influence sur la nature même du droit, selon que cet objet est ou un droit de propriété (*res*), ou un droit réel, démembrement du droit de propriété ou un droit de créance.

Dans les deux premiers cas, l'exercice du droit de gage consiste dans la faculté de suivre la chose entre les mains de tout détenteur, de la vendre, et de se faire payer par préférence sur le prix, et, enfin, d'intenter l'action hypothécaire. Or cette action, bien que rédigée *in factum*, comme toutes les actions introduites par la législation prétorienne pour des cas nouveaux, inconnus au droit civil, est qualifiée par tous les textes d'action réelle, et n'est, sous certains rapports, et s'il est permis de parler ainsi, que la revendication transportée du débiteur au créancier gagiste. Assurément le créancier ne se tient pas pour *dominus*, pour propriétaire de la chose engagée; mais il a les prérogatives ordinaires du *dominium;* en exerçant son droit, il peut arriver à absorber tout l'émolument de la propriété, si cela lui est nécessaire; et son droit est en définitive protégé par une action qui, dans une mesure particulière, semble calquée sur l'action protectrice du droit de propriété. Peu importe, dès lors, que le droit de gage, n'ayant pas, en principe, une existence individuelle, s'éteigne souvent avec le droit principal, dont il n'est que l'accessoire; d'autant plus que nous le verrons plus tard, dans bien des cas, s'éteindre directement, comme droit réel, la créance continuant d'ailleurs à subsister.

Dans le cas, au contraire, où le droit de gage porte sur un droit de créance, il ne saurait être considéré comme un droit réel. C'est qu'en effet, d'après la nature même des choses, il est impossible de transporter la qualité toute personnelle de créancier d'une personne à une autre personne ; les créances ne peuvent être revendiquées, et alors l'exercice du droit de gage consiste dans le fait de retirer le profit des obligations engagées, soit par l'exécution volontaire du débiteur, soit par l'exécution forcée, au moyen de l'action née du contrat. Il faut, pour transporter le bénéfice de la créance engagée du débiteur au créancier gagiste, recourir à l'idée de mandat, et rassurer le créancier en l'armant de l'action personnelle même qui compétait à son débiteur, créancier originaire ; nous aurons donc nécessairement ici tous les caractères d'un droit purement personnel.

Le droit de gage ou d'hypothèque offre un autre caractère important, et d'autant plus intéressant pour nous qu'il a passé dans notre législation : c'est l'indivisibilité. C'est le principe que Dumoulin formulait en ces termes : « *Tota est in toto et in quâlibet parte.* » Indiquons quelques-unes de ses conséquences.

L'objet du droit de gage ou d'hypothèque peut être essentiellement divisible, et se partager, en effet, entre plusieurs personnes ; l'hypothèque ne se divisera pas, et le détenteur d'une parcelle si minime qu'elle soit, le surplus des biens affectés fût-il d'ailleurs plus que suffisant pour assurer le paiement, n'échappera pas à l'action hypothécaire, et pourra se voir contraint à l'entier acquittement de la dette.

Réciproquement le paiement intégral peut seul affranchir la chose de l'hypothèque qui l'affecte ; et un reliquat, si faible qu'il soit, suffit pour que le gage subsiste sur toute la chose. Aussi Ulpien (loi 19, D., *de pign. et hyp.*), supposant un créancier dont l'hypothèque porte sur plusieurs choses, déclare qu'il n'est pas tenu d'en libérer une avant d'avoir touché la totalité de ce qui lui est dû.

Si nous supposons le décès de l'une des parties, la dette ou la créance se divisera entre les héritiers, d'après un principe qui remonte à la loi des Douze Tables ; mais l'hypothèque ne se divisera pas. Le débiteur mort, chacun de ses héritiers sera tenu personnellement, pour sa part héréditaire, mais s'il possède une part des biens engagés, il pourra être poursuivi hypothécairement pour le tout.

Si c'est le créancier qui décède, la loi 29, D. *famil. ercisc.*, supposant un contrat de gage proprement dit, nous apprend que le gage devenu commun aux héritiers sera l'un des objets du *judicium familiæ erciscundæ*. Par suite le gage sera adjugé à l'un d'eux qui sera condamné à payer la part des autres dans la créance, ou du moins une portion de cette part. Deux hypothèses sont possibles en effet : ou la valeur du gage est supérieure à la créance, ou elle est inférieure. Dans le premier cas l'héritier adjudicataire ne pourra être condamné à payer plus que la part de ses cohéritiers dans la dette. Dans le second, il ne devra être condamné qu'en proportion de la valeur qui sera déterminée par l'offre la plus avantageuse. Du reste, dans le cas où l'offre est inférieure à la part des cohéritiers non adjudicataires, ceux-ci conservent pour l'excédant leur action personnelle contre le débiteur. Quant à l'héritier adjudicataire il ne peut être obligé de restituer le gage que si le débiteur lui offre non-seulement sa part dans la créance, mais encore le montant des condamnations payées à ses cohéritiers par suite de l'adjudication. Ce sont là des dépenses considérées comme nécessaires, qui entreraient dans l'action *pignoratitia contraria*, et qui produisent contre l'action du débiteur l'exception de dol.

Du reste, en droit romain comme en droit français, l'indivisibilité était, non pas de l'essence, mais simplement de la nature (art. 2114, C. civ.) de l'hypothèque, c'est-à-dire que la volonté des parties pouvait lui enlever ce caractère. Peu importe même que cette volonté soit imprimée au moment de la constitution de l'hypothèque ou par une convention postérieure. Marcien, en effet (L. 8, § 3, D., *quib. mod. pign. solv.*), nous dit: *Si convenerit ne pars dimidia pro indiviso pignori sit, quæcumque fundi ejus pars à quolibet possessore petatur dimidia non recte petitur.*

Ces notions générales exposées, l'idée du droit accessoire de garantie reconnue, son histoire rapidement retracée, ses caractères principaux étudiés dans la dernière forme par elle revêtue, trois questions restent à examiner : quelles sont les conditions nécessaires à l'existence du droit de gage ou d'hypothèque ; quels sont les effets produits par ce droit ; quels sont ses modes d'extinction. De là, trois chapitres distincts. Le premier se divise naturellement en deux parties, car ces conditions sont de deux espèces : les premières tiennent au fond même du droit, et sont l'existence d'une obligation principale et l'existence d'une chose, objet du droit de garantie; les secondes tiennent à la forme et sont les divers modes de constitution du droit, ce qui comprend aussi l'étude de la capacité exigée des parties. Le second chapitre reçoit nécessairement sa division du nombre même des effets produits par le droit que nous examinons. Quant au troisième, il est la contre-partie naturelle du premier; à mesure en effet que nous verrons disparaître l'un des éléments nécessaires à l'existence du droit de gage ou d'hypothèque, nous verrons en général le droit lui-même s'éteindre.

CHAPITRE II

Des Conditions nécessaires à l'existence du Droit de Gage ou d'Hypothèque.

SECTION Ire. — QUELLES SONT LES OBLIGATIONS QUE PEUT GARANTIR LE DROIT DE GAGE OU D'HYPOTHÈQUE ?

La première condition de l'existence du droit accessoire de gage ou d'hypothèque, est l'existence d'un droit principal. Or, nous l'avons dit plus haut, ce droit ne peut être qu'un droit d'obligation. Notre principe est donc : le droit de gage ou d'hypothèque suppose l'existence d'une créance et ne peut être conféré qu'au créancier. Comment, en effet, concevoir une garantie sans droit principal, ou, si ce droit existe, garantir son exécution à une autre personne qu'au titulaire même de ce droit, auquel seul doit profiter cette exécution (1)?

Mais toutes les obligations, quels que soient leur objet, leur source, leur nature ou leurs modalités, peuvent-elles être garanties par le droit de gage ou d'hypothèque?

D'après leur objet, les obligations se divisent en obligations de donner (*dare*), faire (*facere*), prester

(1) L. xxviii, et xxxiii D., de pign. et hyp. L. i et ii C., si pign. convent.

(*præstare*). Parmi les premières, celles qui ont pour
objet la remise d'une somme d'argent, seront plus souvent que les autres garanties par le droit hypothécaire.
Mais rien ne s'oppose à ce que ce droit accessoire fortifie
toute autre créance. Dans toutes, en effet, la défiance
du créancier peut ne pas se contenter des protections
de la loi commune et exiger cette garantie exceptionnelle contre le débiteur; presque toutes, d'ailleurs,
au cas d'inexécution, doivent aboutir à la satisfaction
du créancier par un équivalent, ou se résoudre en dommages-intérêts; et ceci est plus sensible encore dans la
législation romaine, où le premier effet de l'action était
d'éteindre la créance originaire et de la transformer en
une créance nouvelle résultant, au moins dans les *judi-
cialegitima,* de la litiscontestation, puis de la condamnation qui est toujours d'une somme d'argent (1).

D'après leur source, on distingue les obligations qui
naissent, soit des contrats, soit des délits, soit des quasi-
contrats, soit des quasi-délits. Les unes et les autres peuvent être garanties par un gage ou une hypothèque.
Peu importe, en effet, l'origine de la créance; du moment où elle existe, le créancier peut obtenir qu'elle
soit assurée par une garantie particulière.

D'après leur nature, le lien de droit qui les constitue, la sanction qui les protége, les obligations se divisent en obligations civiles, prétoriennes ou naturelles.
Les obligations civiles, reconnues par le droit civil sont
munies par lui d'une action; les obligations prétorien-

______

(1) L. ɪx, § 1, D , de pign. act.; l. v, pr. D., de pign. et hyp.

nes, introduites par la juridiction du préteur, produisent également une action, mais seulement prétorienne. Ces deux premières espèces peuvent, sans difficulté, être garanties par le droit hypothécaire, car il y a certainement dette, comme le dit la loi 108, D., *de verb. signif.*: *Debitor is intelligitur a quo invito exigi pecunia potest.*

Quant aux obligations naturelles, à ne consulter que cette loi, elles ne pourraient être garanties par un droit hypothécaire, car, d'une part, elles ne produisent pas d'action, et de plus, la loi 7, § 4, D., *de pactis,* nous dit en propres termes : *Nuda pactio obligationem non parit.* Mais la jurisprudence leur a reconnu d'importants effets. Papinien (1. 95, § 4 *de solut.*) parle du *vinculum æquitatis* qui les constitue. Paul, cherchant à les définir, nous dit (L. 84, § 1, D., *de reg. jur.*) qu'une personne est obligée naturellement, quand elle est astreinte par le droit des gens, lorsqu'on s'est fié à elle, ce qui semble bien indiquer l'existence d'une créance. Si les obligations naturelles ne produisent aucune action, on peut du moins les faire valoir au moyen d'une exception; quand elles sont acquittées, ce qui a été payé ne peut être répété comme non dû et payé par erreur; et elles peuvent même servir de cause à une obligation civile contractée par novation (1). Elles constituent donc certainement un avantage pour le créancier, et cela suffit pour qu'il y ait lieu à la garantie du droit hypothécaire (2).

---

(1) L. vii, § 4, D., de pactis; l. xix, pr. l. lxiv, D., de condic. indeb ; l. i, § 1, D., de novat. et deleg.

(2) L. v, pr. D., de pign. et hypot.

Il y a des obligations qui sont prohibées par les lois, soit parce qu'elles sont contraires aux bonnes mœurs, soit parce qu'elles mettent en péril des intérêts que le législateur croit dignes d'une protection spéciale. Comment dès lors assurer leur exécution par la garantie résultant d'un droit hypothécaire? Il faut, de toute nécessité, que l'hypothèque destinée à garantir une telle créance soit nulle comme elle (1).

Dans certains cas, l'obligation, reconnue d'abord par le droit civil, est paralysée par une exception perpétuelle introduite en faveur du débiteur, soit par le droit prétorien, soit par le droit civil postérieur. Alors il ne pourra y avoir lieu à hypothèque. On pourrait presque dire que la créance n'existe pas; qu'est-ce qu'une créance qui ne peut en droit produire aucun effet? On comprend que la garantie soit inutile. Cependant on distinguait ici entre deux exceptions introduites par deux sénatus-consultes fameux, le velléien et le macédonien. Dans le second, l'exception étant donnée, disait-on, *odio creditoris*, la nullité de l'obligation principale entraînait la nullité de l'hypothèque, même consentie par un tiers; dans le premier, l'exécution étant donnée *favore debitoris*, on admettait la validité de l'hypothèque fournie par un tiers (2).

Enfin, dans tous les cas où une exception perpétuelle paralysait les effets de l'obligation principale, il fallait encore examiner si le débiteur avait connu

(1) L. xi, § 3, D., de pign. act.
(2) L. xxii, C. ad sc. velleian.

l'existence de cette exception à son profit; alors, en effet, la constitution du gage emportait renonciation à l'exception relativement au gage, en sorte que le droit hypothécaire existait, si toutefois le constituant avait été capable de faire cette renonciation.

Les modalités peuvent rendre les obligations ou à terme ou conditionnelles. Dans le premier cas aucune difficulté ne peut s'élever, car la dette existe, le paiement seul est retardé : *Certum est debitum iri, licet post tempus petatur,* nous dit Gaïus (3, § 12 4). Quant aux obligations conditionnelles, la promesse y est subordonnée à la condition, et si la condition vient à défaillir, le promettant ne devra rien, et sera censé n'avoir jamais rien dû ; il semble donc, et les textes d'ailleurs nous le disent, qu'il n'y a pas obligation, mais seulement espérance d'obligation. Cependant il est certain que les deux parties ne sont plus libres, et si la condition arrive, elles seront certainement engagées, et cela du jour où l'obligation a été contractée. Il y a donc dès à présent un lien de droit, et cela est si vrai que les jurisconsultes attachent à l'obligation conditionnelle des conséquences inexplicables si le lien de droit n'existait pas : ainsi les mesures conservatoires, telles que l'envoi en possession; ainsi la transmission du droit tel qu'il est, c'est-à-dire éventuel, du stipulant à ses héritiers. Dès lors on comprend qu'il y ait matière à la garantie résultant du droit hypothécaire.

Dans ce cas, l'hypothèque existe en principe du moment même de sa constitution; les lois 1 pr. D., *qui*

ıot. *in pign.*, 9 pr., et 11, § 1, eod. tit., sont for-
nelles à cet égard. Toutefois, il faut tenir compte de la
ıature des conditions qui peuvent être casuelles ou
ɔotestatives.

Si la condition est casuelle, c'est-à-dire si l'événe-
nent d'où dépend l'existence de l'obligation est vraiment futur et incertain et échappe à la volonté des
ɖeux parties, le principe tient.

Mais si la condition est potestative, c'est-à-dire si
l'événement est tel que son accomplissement dépende de
la volonté de l'une des parties, ou si, en d'autres termes, les contractants ont réservé leur liberté de telle
manière que l'une d'elles puisse empêcher l'obligation
de prendre jamais naissance, le droit hypothécaire
n'existera que du moment où l'arrivée de la condition
fera naître l'obligation.

Prenons des exemples. Un mari donne hypothèque
pour sûreté de la dot de sa femme ; cette dot a été
promise payable en plusieurs termes. Le mari reçoit
une partie de la dot, hypothèque à un autre créancier
les objets déjà hypothéqués, puis reçoit le reste de la
dot. Comme un mari ne peut pas ne pas recevoir la
dot, puisqu'il en est responsable et qu'il doit la restituer, l'hypothèque pour la dot tout entière datera de la
convention (1).

Titius consent hypothèque à Primus pour l'argent
qu'il lui empruntera ; il emprunte à Secundus et lui
consent hypothèque sur les mêmes biens ; puis il em-

____

(1) L. 1, pr., D., qui pot. in pign.

prunte à Primus. Comme il pouvait ne pas faire ce second emprunt, l'hypothèque consentie à Primus ne datera que de la réalisation de l'emprunt (1).

L'obligation conditionnelle, lorsque la condition est potestative, n'est en réalité qu'une obligation future. Aussi les jurisconsultes, appliquant à l'hypothèque les principes de la fidéjussion, nous disent-ils que l'hypothèque, qui d'ordinaire suit l'obligation, peut aussi la précéder; mais alors son existence est subordonnée à l'existence même de l'obligation, et la date de la naissance de l'une sera nécessairement la date de la naissance de l'autre (2).

SECTION II. — SUR QUELLES CHOSES LE DROIT DE GAGE OU D'HYPOTHÈQUE PEUT-IL ÊTRE ÉTABLI?

La seconde condition nécessaire au gage ou à l'hypothèque est l'existence d'une chose, objet du droit. Mais quelle sera cette chose?

La réponse à cette question est dans la destination même du droit que fait naître le contrat de gage ou la convention d'hypothèque.

Or, nous l'avons dit, ce contrat ou cette convention donne au créancier, lorsque le débiteur ne remplit pas son engagement, le droit de faire vendre la chose engagée et de se payer sur le prix; de ce but principal du gage ou de l'hypothèque, on peut naturellement induire cette règle : les choses qui peuvent être vendues

(1) L. 1, § 1, D., qui pot. in pign.
(2) L. v, pr., D., de pign. et hypot,

peuvent également être données en gage ou grevées d'hypothèque. C'est aussi la règle que nous trouvons dans les textes, et notamment dans la loi 9, § 1, D. *de pign. et hyp.*, qui s'exprime en ces termes : *Quod emptionem venditionemque recipit, etiam pignerationem recipere potest.*

Toutefois la généralité de ce principe ainsi exprimé peut donner lieu à une objection à laquelle il faut répondre : on peut vendre la chose d'autrui, mais on ne peut l'hypothéquer ; donc, la règle est inexacte. Il faut d'abord se rendre compte de la portée de l'objection. Elle ne signifie pas que la chose d'autrui n'est pas susceptible d'hypothèque, puisque cette chose peut être hypothéquée par celui auquel elle appartient ; elle veut seulement dire que la chose appartenant à autrui peut être vendue, et par celui à qui elle appartient, et même par celui à qui elle n'appartient pas, tandis qu'il faut être propriétaire pour hypothéquer. Cette différence dans les contrats de vente, d'une part, et les contrats de gage ou les conventions d'hypothèque, d'autre part, tient à la différence même de leur but et des droits qui en naissent.

Quel est le but et l'effet principal du contrat de vente ? Est-ce de transporter un droit réel de l'une à l'autre des parties ? Nullement : c'est de faire naître, au profit et à la charge des contractants, des obligations réciproques et des actions, sanctions de ces obligations corrélatives. Dès lors, on le comprend, la circonstance que la chose objet des obligations contractées, appartient ou non au vendeur, ne peut empêcher celui-ci de s'engager et de se soumettre, au cas d'inexécution, à l'action acquise par le contrat à l'acheteur.

Quel est le but et l'effet principal du contrat de gage ou de la convention d'hypothèque? est-ce de créer un lien d'obligation par l'accord des parties? Nous ne sommes plus ici d'une manière absolue dans la matière des obligations. Bien que le contrat de gage engendre des obligations personnelles, il s'agit surtout d'un droit existant déjà, et que l'une des parties veut transporter à l'autre, si non complétement, au moins sous certains rapports. Or, la raison, formulée dans un principe célèbre, exige que celui qui veut transférer à autrui un droit sur une chose, ait lui-même ce droit. Le déterminer, c'est donc déterminer par là même les personnes qui pourront le transmettre.

Le droit de gage ou d'hypothèque, c'est le pouvoir de posséder la chose ou de la réclamer de tout pos-ses-seur par une action analogue à la revendication, et enfin d'en disposer, de la vendre à la place et contre le gré du propriétaire. Il faut donc bien exiger du constituant qu'il ait la revendication ou ses équivalents, et le droit de disposer de la chose.

Ainsi, en résumé, la chose d'autrui est de sa nature susceptible du droit de gage ou d'hypothèque; seulement l'obstacle à son engagement vient de l'absence chez le prétendu constituant du droit sur cette chose nécessaire pour qu'elle puisse être grevée par lui d'hypothèque.

De même une chose *nullius,* c'est-à-dire une chose qui n'appartient encore à personne, mais qui est cependant susceptible de propriété privée, est par là même susceptible du droit hypothécaire ; mais l'obstacle à son engagement, au moins tant qu'elle reste *nullius*, vient précisément de ce que personne n'a le pouvoir nécessaire pour établir sur elle le droit hypothécaire.

Ce qui précède nous conduit à l'observation suivante : les choses sont les objets de nos droits, et l'ensemble de ces droits compose le patrimoine.

Or, dire qu'une chose peut être engagée, c'est supposer qu'elle est à certains titres dans le patrimoine du débiteur. Il ne suffit donc pas de déterminer d'une manière générale ce qui peut être l'objet d'un droit de gage ; il faut chercher ce que le débiteur peut donner en gage à son créancier ; et pour cela, il est nécessaire d'analyser les droits dont le patrimoine du débiteur peut être composé.

Le patrimoine comprend les choses corporelles et les choses incorporelles, c'est-à-dire, pour parler un langage plus précis et désigner les droits eux-mêmes qui composent le patrimoine, il comprend le droit de propriété, que les Romains, frappés du rapport intime et direct du droit à la chose, objet du droit, appelaient *res*, les démembrements du droit de propriété (*jura in re*), et les droits de créance ou les obligations. Voyons donc si ces droits ou ces choses peuvent-être hypothéqués.

Et d'abord les choses corporelles ou, pour parler plus exactement, les choses sur lesquelles on a le droit de propriété peuvent-elles être l'objet d'un droit de gage ou d'hypothèque ? Cela ne peut faire aucun doute.

On ne distinguera pas si la chose est mobilière ou immobilière ; toutefois, en fait, le contrat réel de gage aura lieu plus souvent pour les meubles.

De même encore on ne distinguera pas si la chose objet du droit est une chose déterminée dans son individualité, ou un ensemble composé de choses du même genre et formant ce que l'on appelle une *universitas*. Ainsi on peut hypothéquer un troupeau comme une tête de bétail, un fonds de commerce comme un des objets qui le composent.

Le droit romain connaissait deux espèces de propriété. En effet, outre la propriété parfaite et de droit civil, appelée *dominium ex jure quiritium*, il y avait une autre sorte de propriété moins parfaite, mais reconnue et sanctionnée par le préteur, et qui, suivant l'expression consacrée, mettait la chose *in bonis* de celui à qui elle appartenait. Il suffit de rappeler ici que l'une des causes qui constituaient cette propriété prétorienne était l'absence des formalités exigées par le droit civil pour la transmission de la propriété quiritaire, la tradition d'une chose *mancipi*, par exemple. Dans ce cas l'usucapion eût été nécessaire pour faire acquérir le *dominium ex jure quiritium ;* avant qu'elle fût accomplie le préteur accordait à celui qui avait reçu la chose du véritable propriétaire l'action publicienne qui remplace entre ses mains la revendication.

Accorderons-nous à ce propriétaire d'après le droit prétorien le droit d'hypothéquer que nous avons reconnu au profit du propriétaire *ex jure quiritium* ? La raison seule, en l'absence de tout texte, suffirait pour faire décider l'affirmative. L'hypothèque, création prétorienne, est nécessairement permise à celui qui puise tous ses droits dans l'édit du préteur, qui même, aux yeux du préteur, est le véritable propriétaire. De même que celui-ci a la revendication utile, sous le nom d'action publicienne, de même le créancier gagiste aura l'action servienne, comme l'aurait le créancier qui aurait reçu la chose en gage du propriétaire *ex jure quiritium*, et il aura cette action sans aucune modification dans la formule. En effet, l'action servienne est prétorienne comme l'action publicienne, et d'après la rédaction de cette formule le demandeur doit prouver, non pas que le constituant était *dominus*, mais qu'il avait *in bonis* la chose hypothéquée. Il est permis de conjecturer que telle était l'hypothèse prévue et réglée par la loi 18 du titre *de pign. et hyp.*, du moins dans la pensée du jurisconsulte Paul, à qui nous devons cette loi. Observons seulement que Justinien, ayant rétabli l'unité de propriété, en confondant la situation du propriétaire *ex jure quiritium*, et du propriétaire *ex jure prætorio*, cette loi, dans la pensée des rédacteurs des Pandectes, ne peut plus s'appliquer à l'hypothèse que nous venons d'examiner.

Voici la seule espèce qu'elle pût régler. Outre le cas de propriété prétorienne, le droit romain connaissait une autre application possible de l'action publicienne : c'était le cas où une chose avait été livrée *ex justa causa* par un individu non propriétaire à une personne qui croyait traiter avec le *dominus*. Celui qui avait ainsi reçu la chose était appelé possesseur de bonne foi, et avait, avec la faculté d'usucaper, le droit d'intenter l'action publicienne. En supposant même que, dans la loi 18, Paul n'ait pas eu en vue cette situation, mais celle que nous avons exposée tout à l'heure, il n'est pas douteux que, dès le temps de la jurisprudence classique, le possesseur de bonne foi, ayant la possession *ad usucapionem* et l'*action publicienne*, pouvait valablement consentir une hypothèque.

D'ailleurs, nous trouvons au même titre du Digeste un fragment d'Ulpien qui ne peut s'appliquer qu'à l'espèce du possesseur de bonne foi. Le jurisconsulte nous dit, en effet, que si le débiteur, pour repousser l'action servienne, excipe de son défaut de propriété, cette exception échouera devant la réplique de dol. La nécessité de cette réplique révèle une différence entre la situation du possesseur de bonne foi et celle du propriétaire prétorien qui avait véritablement l'*in bonis*, et l'on est par suite autorisé à croire que le créancier gagiste qui avait reçu le gage d'un possesseur de bonne foi avait l'action servienne, mais avec modification dans la formule.

Il peut arriver que les divers attributs de la propriété soient partagés entre plusieurs personnes. Ainsi le droit de disposer est réservé à l'une, tandis qu'une autre a les droits d'user et de jouir. Le premier a ce que l'on appelle la nu-propriété, et le second, l'usufruit. Le nu-propriétaire peut-il hypothéquer le droit qu'il a sur la chose ? Rien ne s'y oppose.

Il en est de même du copropriétaire, il peut hypothéquer sa part indivise. Dans ce cas, les jurisconsultes romains, fidèles aux principes, décidaient que, quel que fût le résultat du partage, l'hypothèque continuerait à frapper toutes les parties du fonds pour la portion indivise hypothéquée. Ainsi, soit que l'adjudication eût attribué au débiteur la propriété d'une part matériellement déterminée, soit même qu'elle l'eût dépouillé de toute propriété, en attribuant le fonds tout entier à ses copropriétaires, le droit réel d'hypothèque survivait tel qu'il avait été constitué, car il devait survivre à toutes les aliénations faites par le débiteur, et le partage n'est qu'une aliénation. Cette doctrine, expression de la réalité, conséquence forcée des principes, un moment contestée (1), avait fini par triompher et devait triompher en effet dans une législation aussi rigoureusement logique. Nous la trouvons établie dans la loi 7, § 4, *D. quib. mod. pign.*, et dans la loi 6, § 8, *D. comm. divid.*, et cette dernière loi, complétant la théorie, nous dit que le juge devra prendre en considération la charge qui grève la part du copropriétaire indivis, et ne l'estimer que déduction faite du montant de la dette hypothécaire. Malgré ce tempérament nécessaire, on comprend toutefois les graves inconvénients d'un pareil système, surtout dans une législation qui n'avait organisé aucun mode de publicité des hypothèques. Aussi la pratique avait-elle imaginé un moyen d'y remédier, et ce moyen nous est indiqué dans la loi 3, § 2, *D. qui pot.* Le copropriétaire qui avait consenti une hypothèque sur sa part indivise, donne à

(1) L. xxi, § 1, D., de pign. et hyp.
(2) L. xxxi, D., de usu et usufr.

son copropriétaire, le partage intervenant, le droit, pour le cas où l'hypothèque ne serait pas éteinte, de vendre la moitié du lot échu à lui débiteur. La jurisprudence romaine vit là une constitution tacite de gage, et, dans l'espèce, le lot du copartageant débiteur se trouva affecté de deux hypothèques : l'une consentie avant le partage à un tiers et frappant la part indivise du constituant, l'autre concédée au moment du partage à l'autre copartageant et frappant seulement la moitié du lot que le constituant a reçue de l'autre propriétaire par l'effet du partage. Cette doctrine a été abandonnée par notre droit, qui a, par la fiction de l'art. 883 du C. Nap., évité les inconvénients du système romain.

Les *jura in re* sont-ils susceptibles du droit de gage ou d'hypothèque ? La difficulté vient de ce que les choses incorporelles ne semblent pas susceptibles de possession, et par conséquent de tradition ; mais lorsque le préteur eut protégé la *possessio juris* ou *quasi possessio*, à l'égal de la *possessio rei*, l'obstacle fut levé. Nous allons donc nous occuper successivement des servitudes personnelles et des servitudes réelles.

L'usufruit est, comme la propriété, l'objet d'une revendication et, par conséquent, d'une action réelle qui est exercée par l'usufruitier contre le propriétaire ou le possesseur de la chose, et en général contre tous ceux qui s'opposeraient au libre exercice de ce droit. C'est l'action dite *confessoria*. L'usufruit peut donc être constitué en gage. De quelle manière ? De la même manière qu'il pourrait être vendu.

L'usufruitier ne peut pas transférer son droit à une

autre personne, et faire un nouvel usufruitier, comme le propriétaire fait un nouveau propriétaire. L'usufruit ne peut quitter l'usufruitier que pour faire retour à la nu-propriété. Il peut être cédé au nu-propriétaire ; mais la cession à un étranger est impossible. Toutefois, il importe peu au propriétaire que l'usufruitier jouisse par lui-même ou par une autre personne ; l'usufruitier peut donc transférer le bénéfice de son droit à un tiers, en ce sens qu'il en transfère tous les avantages, tandis que le droit même, le titre et la qualité d'usufruitier restent toujours sur sa tête. C'est dans ces conditions que l'usufruit pourra être l'objet d'un droit hypothécaire.

L'usufruitier n'a pas la possession de la chose dont il jouit, parce qu'il n'a pas l'*animus domini;* mais s'il n'a pas la *possessio rei,* on lui reconnaît une *posssessio juris* qui est l'exercice du droit d'usufruit. Cette quasi-possession est protégée par les interdits *uti possidetis, utrubi unde vi,* non pas directs, mais utiles. Celui qui jouit à titre d'usufruitier, qu'il soit ou qu'il ne soit pas reconnu comme tel par le droit civil, peut donc défendre ou recouvrer sa possession ; mais le préteur accorde en outre à celui qui a cette quasi-possession, bien qu'elle ne puisse conduire à l'*usucapion,* une action réelle utile, l'action publicienne, comme il donne cette action, par exemple, au possesseur d'un fonds provincial qui ne peut acquérir le *dominium ex jure quiritium.* L'usufruit est, dans ce cas, constitué par la protection prétorienne, et il peut être l'objet d'un droit de gage ou d'hypothèque.

Nous venons de parler de l'usufruit déjà constitué et d'indiquer sous quels rapports il peut être engagé par celui qui en est titulaire. Le propriétaire qui, par l'aliénation, peut perdre son droit de propriété ou le démembrer au profit d'un tiers, peut-il constituer en gage l'usufruit sur sa chose? Il s'agit ici d'un usufruit à établir. Le créancier gagiste sera, s'il y a *pignus*, mis en possession de la chose ; et si, à l'échéance de la dette, il n'est pas payé, il pourra vendre le droit d'usufruit. Mais pourra-t-il, par cette vente, constituer la servitude au profit de l'acheteur, ou le débiteur sera-t-il tenu de la constituer lui-même par l'un des modes du droit civil? Nous inclinerions à penser que si le débiteur se refuse à constituer la servitude, le créancier a contre lui l'action pignératitienne contraire. Dans le cas où l'usufruit aurait été constitué par le gagiste, l'acheteur pourrait être protégé par le préteur; et, s'il était troublé par le propriétaire, il se défendrait contre lui par l'exception *pacti conventi*.

L'usager à qui appartient l'usage de la chose et qui a une portion des fruits limitée à ses besoins, ne peut pas vendre l'exercice de son droit ; et, en cela, il diffère essentiellement de l'usufruitier, qui est libre de jouir par lui-même ou par autrui. Il ne peut donc pas constituer un gage ou une hypothèque sur son droit d'usage.

L'habitation paraissait devoir se confondre avec l'usage. Toutefois, la nécessité d'habiter par soi-même semble moins rigoureuse. Justinien, consacrant l'opinion de Marcellus, permet de louer, et, en cela, il rapproche le droit d'habitation de l'usufruit. En conséquence, la nature du droit ne s'oppose point à ce qu'il puisse être donné en gage dans les mêmes conditions que le droit d'usufruit.

Les servitudes réelles, une fois constituées, ne sont pas des avantages concédés au propriétaire, mais des qualités attachées au fonds ; elles ne peuvent être détachées du fonds dominant sans faire immédiatement retour au fonds servant. Elles ne peuvent donc être vendues et ne peuvent par conséquent pas être hypothéquées. Elles ne pourraient l'être qu'avec le fonds, et le sont même alors nécessairement (1).

Supposons qu'il s'agisse d'une servitude à établir.

Ici une raison de droit s'opposait formellement à la possibilité de l'hypothèque, c'est que les servitudes prédiales ne peuvent être constituées à temps. Cependant le préteur permit l'hypothèque dans un cas, et ce cas est celui où la servitude à établir est une servitude rurale, un droit de passage, par exemple. La raison de cette exception et de la différence établie sur ce point entre les servitudes urbaines et les servitudes rustiques est dans notre principe même. C'est qu'en effet une servitude urbaine, par exemple *un jus tigni immittendi,* ne peut, en fait, et par la force même des choses, être utile qu'au seul propriétaire du fonds dominant, qui ne trouverait pas, par conséquent, à qui la vendre ; les servitudes rustiques, au contraire, dont l'usage est moins strictement restreint, peuvent convenir à plus d'une personne, et le créancier peut trouver à vendre

---

(1) L. xi, § 3, D., de pign. et hyp. ; L. xvi, D., de servit.

celle qui lui a été hypothéquée, à un voisin qui peut en profiter tout aussi bien que lui. L'exception confirme donc le principe, et c'est ce qui permit au préteur de corriger le droit par l'équité (1)

Prenons un exemple : Le débiteur est propriétaire du fonds Cornélien ; le créancier a un fonds voisin. Le débiteur donne en gage au créancier le droit de passage sur le fonds Cornélien. Jusqu'à l'échéance de la dette, le créancier jouit de la faculté de passer, qui n'est pas encore un droit réel ; et à l'échéance, si le paiement n'a pas lieu, il peut, par exemple, vendre le droit de passer à un propriétaire voisin à qui il peut être utile, et le débiteur est tenu de constituer le droit réel au profit de l'acheteur. Pour l'y contraindre, le créancier a contre lui l'action pignératitienne contraire.

Le propriétaire d'un terrain est toujours propriétaire de la maison construite sur ce terrain par lui ou par un autre. Lors donc qu'il permet à une personne d'y avoir une maison, le concessionnaire ne peut, selon le droit civil, qu'agir personnellement contre le concédant. Mais le préteur donne à ce possesseur de la maison une sorte d'interdit *uti possidetis* et une action réelle utile à l'imitation de la revendication civile. Le superficiaire peut transmettre son droit comme le propriétaire ; le droit de superficie peut donc être donné en gage ou grevé d'hypothèque.

Les *agri vectigales*, fonds appartenant au peuple romain, à des cités ou à des colléges de prêtres ou de

____

(1) L. xi, § 3, l. 12, D., de pign. et hyp.

vestales, et loués à des particuliers, soit à perpétuité, soit pour un temps plus ou moins long, sous la charge d'une certaine redevance annuelle, en argent, ou en fruits, sont entre les mains du preneur, protégés par le préteur, au moyen d'une action réelle utile. Le preneur peut aliéner d'après le droit prétorien ; il a un droit analogue à celui du possesseur d'un fonds provincial.

L'institution de l'*ager vectigalis* paraît avoir servi de modèle à celle de l'*ager emphyteuticarius* ; l'emphytéose qui, dans l'origine, s'appliquait vraisemblablement aux biens patrimoniaux des empereurs, put émaner plus tard de toute autre personne. Elle peut être l'objet d'un gage ou d'une hypothèque.

Les offices, qu'on appelait en droit *militiæ*, c'est-à-dire les fonctions publiques auxquelles étaient attachés certains émoluments, pouvaient être hypothéqués, puisqu'ils étaient cessibles et transmissibles entre-vifs ou héréditairement.

Nous avons vu que l'on peut hypothéquer les choses corporelles, c'est-à-dire celles dont on est propriétaire, et les *jura in re*, démembrements du droit de propriété. Voyons maintenant si l'on peut également donner en gage les créances.

Deux raisons s'opposaient ici à l'admission de l'hypothèque. D'abord, le gage étant le droit accordé au créancier de posséder la chose pour sûreté de sa créance, et de la vendre, comment le concevoir sur des choses incorporelles qui ne peuvent être possédées ? De plus, autoriser le changement de créancier, contre le gré et à l'insu du débiteur, c'était porter atteinte aux principes du droit. Mais quand la vente des créances devint possible, ces objections disparurent, et, sur ce point encore, la faculté d'engager fut la conséquence nécessaire de la faculté d'aliéner. Dans les deux cas, le procédé fut le même : au défaut de l'action servienne, qui n'est que la revendication transportée du débiteur au créancier, et ne peut, par conséquent, s'appliquer aux créances, on recourut à l'idée du mandat, et le créancier, devenu *procurator in rem suam*, put exercer, en son nom et à son profit, comme actions utiles, les actions qui compétaient à son débiteur.

Supposons que le débiteur originaire s'appelle Primus, son créancier Secundus, et le créancier gagiste de celui-ci Tertius. Secundus mis en demeure et ne payant pas, Tertius pourra vendre la créance, la céder à un tiers ou, au moyen de l'action utile, agir contre Primus pour se faire payer par lui. Du reste, Primus opposera à cette action utile toutes les exceptions qu'il eût opposées à l'action directe intentée par Secundus, son créancier. Si, avant que l'hypothèque de la créance lui ait été dénoncée, il a payé Secundus, il y a extinction du gage, et il en est de même dans tous les autres cas d'extinction de l'obligation. S'il paie entre les mains de Tertius, celui-ci compensera ce qu'il reçoit avec ce que lui doit Secundus, si la créance était d'une somme d'argent; et si elle était d'un corps certain, cet objet deviendra un gage entre les mains de Tertius, à la place de la créance éteinte (1).

---

(1) L. xx, D., de pign. et hyp. l. xiii, § 2, D., cod. ; l. xviii, pr. D., de pign. art. ; l. vii, Cod. de hered. vel. act. vend.; l. iv, C., quæ res. pign.

En parlant des *jura in re*, nous n'avons pas exa-
miné si le *pignus*, qui comprend à la fois un droit réel
et des obligations directes et contraires, peut devenir lui-même l'objet d'un droit de gage. L'affirmative résulte des principes que nous avons posés. La
chose engagée devient entre les mains du créancier un
nouvel élément de crédit, car il peut à son tour la donner en gage à son propre créancier, mais à la condition
encore que ce nouveau constituant ne transportera pas
à son cessionnaire, son créancier dans l'espèce, plus de
droits qu'il n'en avait lui-même. Or, son droit n'était
qu'un droit de gage, devant s'éteindre par le paiement;
le droit de gage qu'il constitue ne pourra être autre
chose, et la seconde hypothèque, subordonnée à la première, s'éteindra avec elle par le paiement fait par le
débiteur originaire. Ainsi, tant que les deux dettes seront dues, le gage subsistera. Le gagiste, s'il perd la
possession, aura une action hypothécaire utile, et il
pourra opposer au propriétaire qui revendiquerait avant
d'avoir payé sa dette, l'exception : si toutefois vous
n'avez pas donné la chose en gage à votre créancier.
Si le propriétaire paie son créancier, le gage s'évanouit
et la chose revient entre ses mains franche et quitte de
tout droit de gage, et vis-à-vis du premier créancier
gagiste et vis-à-vis de celui à qui le gage a été engagé.
Mais, en ce cas, par analogie de ce que nous avons vu
pour l'engagement des créances, les jurisconsultes ne
laissaient pas ce dernier créancier entièrement désarmé. Il avait une action utile, et par elle il obtenait, si la créance était d'une somme d'argent, que

le montant de cette créance, à laquelle le gage avait été affecté, servît à le désintéresser, et, si la créance était d'un corps certain, que ce corps certain lui fût remis à titre de gage et lui servît de sûreté (1).

Tous ces droits, que nous avons parcourus et dont l'ensemble constitue le patrimoine, peuvent être affectés de diverses modalités, et se trouver soumis, par exemple, à des conditions suspensives ou résolutoires. Ces modalités ne font pas obstacle à ce qu'ils soient l'objet d'un droit de gage ; mais comme elles affectent le droit engagé, elles réagissent par là même sur l'étendue des droits du créancier gagiste, auquel on applique les conséquences de la règle : *Nemo plus juris in alium transferre potest quam ipse habet*, et le principe : *Resoluto jure dantis, resolvitur jus accipientis.*

Jusqu'à présent nous avons indiqué les choses que le débiteur peut donner en gage. Est-il indispensable que ces choses ou ces droits lui appartiennent actuellement ? Ne peut-il pas engager les choses futures ? Il le peut et de deux manières, soit en donnant en gage des choses futures qui doivent lui appartenir, soit en engageant pour ainsi dire à l'avance, et pour le cas où elles deviendraient siennes, les choses appartenant actuellement à autrui, mais qu'il se propose d'acquérir.

Enfin, le patrimoine lui-même, considéré dans son ensemble et comme un tout déterminé, peut être l'objet d'un droit hypothécaire. Mais l'hypothèque générale

____

(1) L. xiii, § 2, D., de pign. et hyp. ; l. lx, § 2, D., de pign. act. ; L. i, ii et viii, C. si pign. pign. dat.

le tous les biens ne put d'abord comprendre que les biens présents du débiteur.

Pour les biens futurs, on fut longtemps arrêté par cette objection, que les comprendre dans l'hypothèque de tous les biens, c'était permettre l'hypothèque de la chose d'autrui. Cependant, dès le temps de la jurisprudence classique, car c'est Papinien qui nous l'atteste, on admit que ce n'était engager la chose d'autrui que sous la condition *si modo habebo*, et l'on pouvait hypothéquer ainsi même une chose spéciale appartenant à autrui. Il fut donc permis d'hypothéquer les biens futurs ; seulement on exigea d'abord une mention expresse pour eux dans la constitution de l'hypothèque générale. Au cas de silence de la convention, on hésitait à les comprendre dans l'expression *res suas, bona sua*. Justinien, enfin, trancha le différend, en décidant que l'hypothèque générale de tous les biens comprendrait dans tous les cas les biens à venir comme les biens présents. (L. 9, C. *quæ res pign. oblig. pos.*).

Du reste, le débiteur qui pourrait par une constitution générale affecter l'ensemble de son patrimoine d'un droit hypothécaire, pourra évidemment établir ce droit sur tel ou tel ensemble de biens qui s'y trouvent compris. Ainsi, il conserve toujours la faculté de restreindre l'hypothèque à ses biens présents seulement, ou seulement à ses biens futurs, et peut donner en gage ou grever d'hypothèque, soit tous ses biens mobiliers, soit tous ses biens immobiliers, soit un ensemble de meubles et d'immeubles, comme par exemple l'hérédité qu'il reçoit de son auteur.

Passons maintenant aux choses qui ne peuvent être hypothéquées.

La loi 1, § 2, D., *quæ res pign.*, confirmant la loi 9, § 1, D., *de pign. et hyp.*, qui nous a donné notre principe, nous dit : *Eam rem, quam quis emere non potest quia commercium ejus non est, jus pignoris accipere non potest.* Pour bien comprendre cette loi, il faut remarquer d'abord que ce qui doit surtout exister chez le créancier c'est le pouvoir d'aliéner ; ensuite, que cette loi 2, disant *quia commercium ejus non est*, parle d'une façon absolue ; car si l'impossibilité d'acquérir résultait, chez le créancier, d'une disposition particulière de la loi, et de sa situation personnelle, si, en d'autres termes, cette impossibilité était toute relative, elle ne pourrait l'empêcher de recevoir en gage, même la chose qu'il ne peut acquérir. C'est ainsi que le gouverneur de province ne peut acquérir, précisément à cause de sa situation personnelle, les immeubles situés dans la province qu'il administre, et cependant peut très-bien les recevoir à titre de gage. (L. 24, *de pign. et hyp.*)

Il est évident que les choses qui sont absolument hors du commerce, comme les *res sacræ, religiosæ* ou *sanctæ*, ou encore les hommes libres, ne peuvent être soumises à l'hypothèque. (L. 29, D. *de reb. auct. jud.*, L. 3, C., *quæ res pign.*, L, 5, D., *quæ res pign.*, Nov. 134, cap. 7). Cependant il se présente quelque chose de particulier dans le cas du soldat racheté de la captivité chez l'ennemi. Il est affecté d'une sorte de droit de gage vis-à-vis du rédempteur, jusqu'à ce qu'il l'ait remboursé, ou qu'il se soit acquitté envers lui par un

travail de cinq années ; alors, comme au cas où le rédempteur lui a fait remise du prix de rachat ou du droit
de gage, il recouvre dans son intégrité son ancien droit
d'ingénuité (1).

Parmi les choses qui ne sont pas absolument soustraites au commerce, il y en a qui, par exception, ne
peuvent être soumises au droit hypothécaire.

Ainsi, les choses litigieuses, excepté dans le cas où
l'aliénation en est permise (2) ; l'immeuble dotal ou
compris dans la *donatio propter nuptias*, à moins, dans
le premier cas, qu'il n'ait été vendu au mari (3); les biens
des fils de famille et dont le père a l'administration (4).

En général, on peut hypothéquer comme on peut
vendre l'espérance d'un droit. Cependant, on avait interdit aux athlètes d'hypothéquer les prix qu'ils espé-
raient, tout en leur laissant la faculté d'engager ceux
qu'ils avaient obtenus. On craignait que, certains de ne
pas conserver les avantages pécuniaires de leur victoire,
ils ne combattissent moins courageusement, trompant
ainsi l'attente du peuple, et faisant manquer la solen-
nité des jeux (5).

Les esclaves, les animaux et les instruments nécessaires à l'agriculture ne peuvent être saisis comme gages en exécution des jugements (6).

<hr>

(1) L. xx, § in fin., D., qui test. fac. poss. ; l. xv et xix, § 9, D., de capt. ;
l. ii, l. xi, l. xiii, l. xx, C., de postlim. revers.

(2) L. i, § 2, D., quæ res pign. ; l. iv, C., de litig. ; l. xviii, D., de rei.
vind.

(3) Inst. pr. quib. alien. lic. ; l. iv, D., de fund. dot. ; l. x, § 6, D., de jure
dotium ; l. i, unic. § 15, C. de rei uxor. act.

(4) L. ii, C., de bon. mat. ; l. iv et l. vi, § 2, C. de bon. quæ liber.

(5) L. v, C., quæ res pign.

(6) L. vii et viii, C., quæ res pign.

4

CHAPITRE III

De la Constitution du Droit de Gage et d'Hypothèque.

Le droit romain connaissait cinq modes de constitution du droit de gage ou d'hypothèque. Ces cinq modes peuvent se réduire à deux espèces : le droit de gage peut être établi soit par la volonté du propriétaire, soit en dehors de cette volonté. De là la division du gage en gage volontaire et gage nécessaire.

Le gage volontaire résulte :

1° D'une convention ;

2° D'une disposition de dernière volonté.

Le gage nécessaire a pour cause :

1° et 2° Un ordre du magistrat, ce qui comprend : la *missio in bona ou in possessionem* (*prætorium pignus*), la *pignoris capio* (*in causa judicati pignus captum*) ;

3° Une disposition légale.

Observons sur ce dernier mode de constitution du gage, qu'il était tout à fait inconnu dans le premier état du droit. Les plus anciennes de ces hypothèques, que les interprètes nomment légales, furent d'abord conventionnelles ; puis, répétées dans tous les contrats, consacrées par l'usage, elles devinrent de style et finirent par être sous-entendues. Aussi les jurisconsultes les appellent *tacitæ hypothecæ*, c'est-à-dire fondées sur

un accord tacite des parties ou sur leur volonté présumée. Il semble donc d'abord qu'elles doivent se rattâ-
cher au gage volontaire. Mais, sous les derniers empereurs, elles se multiplièrent et leur nombre s'accrut si
singulièrement qu'elles finirent par former une classe
à part; de leur origine elles ne retinrent que leur nom
seul, et du moment où beaucoup de créances en-
traînèrent de droit avec elles une hypothèque, les
hypothèques tacites devinrent, en fait, un genre de
gage nécessaire. Aussi est-ce sous cette espèce qu'elles
sont rangées par tous les commentateurs.

Nous diviserons ce chapitre en deux sections : la première traitera du gage appelé volontaire; la seconde
du gage nécessaire.

SECTION Iʳᵉ. — DU GAGE VOLONTAIRE.

Le gage volontaire est, avons-nous dit, celui qui est
établi par contrat de gage, par convention ou par testament. De là deux articles. Nous allons traiter d'a-
bord du contrat de gage ou de la convention d'hypothèque.

ART. 1ᵉʳ. — *Du contrat de gage et de la convention d'hypothèque.*

Le contrat soit de gage, soit d'hypothèque, suppose
le concours des volontés. Il en est de même d'ailleurs
de tous les contrats, dont ce concours est l'essence
même.

Une différence pourtant se présente : dans le *pignus*

il y a, outre le concours des volontés, la tradition de la chose soumise au droit. C'est ce qui fait ranger ce contrat au nombre de ceux qui se forment *re.* c'est-à-dire par la tradition jointe à la convention. Dans l'hypothèque, au contraire, la convention suffit.

Donc, tandis que le premier est un contrat réel, le second est purement consensuel ; et il y a cette remarque à faire sur le contrat consensuel d'hypothèque, qu'il engendre un *jus in re,* ce qui est une sorte d'anomalie dans les principes du droit romain où le contrat ne produit que des obligations.

Le *pignus* est un contrat synallagmatique imparfait.

Dans le dernier état de la jurisprudence romaine, le *pignus* produit, indépendamment des obligations personnelles, le droit réel, comme la convention d'hypothèque.

C'est ce droit réel, résultat soit du *pignus*, soit de la *convention d'hypothèque,* qui fait le sujet de cette thèse.

Indépendamment du concours des volontés nécessaire pour le *pignus* et pour la convention d'hypothèque et de la tradition dans le *pignus*, il faut encore une personne qui constitue le droit de gage, et une personne qui l'acquiert. Il convient donc d'étudier : 1° le concours des volontés ; 2° la tradition nécessaire au *pignus ;* 3° les conditions exigées pour la validité du contrat dans la personne de celui qui reçoit l'hypothèque ; 4° les conditions requises dans la personne de celui par qui le droit hypothécaire est constitué.

Concours des volontés. — Nous avons vu sous le cha-

pitre des notions générales par quels progrès successifs
la législation romaine avait passé de la *fiducia* au *pignus*
et du *pignus* à l'hypothèque; comment, en d'autres
termes, à la transmission de la propriété avait succédé
la simple remise de la possession, remplacée à son
tour par l'idée d'un nouveau droit réel constitué par la
convention seule; comment enfin l'admission de l'action hypothécaire et son extension au *pignus* avaient,
en simplifiant le droit romain sur cette matière, con-
fondu, au moins quant à leurs effets, le contrat réel
de gage et la convention d'hypothèque.

Dans cette convention, l'expression de la volonté des
parties n'est soumise à aucune forme. Il suffit que les
parties soient d'accord sur la nature du contrat qu'elles
veulent former, sur la chose qu'elles veulent soumettre
au droit hypothécaire et sur l'obligation que ce droit
doit garantir.

Ainsi le contrat peut être formé entre absents par
une lettre, par exemple; cette lettre même ne fût-elle
ni datée ni signée.

L'écriture n'est pas nécessaire à l'existence du contrat, elle n'est qu'un moyen de preuve. Si donc il en
existe un autre, la convention d'hypothèque vaudra
quoique non écrite; elle pourra même résulter de certains faits. Toutefois, il faut observer que si les parties
avaient entendu soumettre la formation du contrat à la
condition d'un écrit, la convention ne deviendrait définitive qu'après l'accomplissement de cette formalité.

Il n'est pas nécessaire que les parties aient expressément désigné l'objet de la convention, pourvu que leur

intention à cet égard soit clairement indiquée ; c'est ainsi qu'un titre de propriété soumet au droit hypothécaire l'immeuble, objet de cette propriété.

Du moment où les parties sont d'accord sur la chose, peu importe l'erreur sur la matière de cette chose ; l'objet dont elles sont convenues sera néanmoins soumis au droit hypothécaire.

Traditio. — Dans le *pignus* proprement dit, la tradition de la chose engagée, c'est-à-dire la remise de cette chose à titre de gage, est essentielle à la formation du contrat. Nous avons dit qu'il n'en était pas de même dans la convention d'hypothèque ; mais il convient de remarquer que le créancier hypothécaire non payé au moment de l'échéance a le droit d'exiger sa mise en possession de la chose engagée, pour arriver au bénéfice de son droit hypothécaire.

Quel est le caractère de la possession transmise au créancier gagiste ?

A l'origine, et dans la *mancipatio* avec contrat de *fiducie*, le créancier devenu propriétaire à titre de garantie, avait la *possessio rei ;* mais alors que le *pignus* eut lieu sans transmission de propriété, le créancier gagiste eut-il encore cette même possession ?

Il semble que l'on eût pu dire, comme lorsqu'il s'agissait de l'usufruit, que le constituant, conservant la propriété de la chose engagée, conservait par cela même la *possessio rei animo domini ;* que le créancier gagiste posséderait sous ce rapport la chose pour le propriétaire, et qu'en même temps il aurait une *possessio juris* correspondant à son droit de gage, et protégée comme *quasi possessio* spécialement par les interdits utiles.

Cette distinction est contraire aux idées que révèlent les textes sur cette matière.

La possession que reçoit le créancier gagiste est garantie par les interdits accordés à celui qui possède *corpore et animo domini*, et non par les interdits utiles. Elle n'est pas défendue par la revendication ou par l'action publicienne, puisqu'il n'est pas propriétaire et ne possède pas à titre de propriétaire, mais elle est assurée par une action réelle prétorienne spéciale, l'action servienne ou quasi-servienne.

Le constituant garde toutefois le bénéfice de l'usucapion comme si la *possessio rei* n'avait pas été remise au gagiste, et cette usucapion s'accomplit tant à son profit qu'au profit du créancier. Enfin, celui-ci, lorsqu'à défaut de paiement il vend la chose engagée, peut transférer la propriété à l'acheteur et lui remettre la possession à titre de propriétaire, sans qu'apparemment il y ait nécessité de faire intervenir le débiteur.

Si tels sont les caractères de la possession qui doit être remise au gagiste, de quelle manière aura lieu la tradition ?

La tradition peut s'effectuer entre le débiteur et les créanciers sans le concours d'un tiers et s'accomplir soit par la remise réelle de la chose engagée, soit *solo consensu*.

Dans le premier cas, le constituant ayant la possession de la chose, transmet cette possession au créancier de la même manière qu'il eût pu la transmettre en exécution d'un contrat l'obligeant par exemple à transférer la propriété. C'est la tradition appelée par les commentateurs, tradition réelle.

Dans le second cas, ou bien la chose est déjà entre les mains du créancier, mais à un autre titre, ou elle est entre les mains du constituant. Si par exemple le créancier est dépositaire, faudra-t-il que la chose revienne matériellement au constituant, pour être ensuite remise à titre de gage au créancier? Nullement. Il suffira de l'accord des volontés pour que le créancier qui détenait comme dépositaire possède désormais à titre de gagiste. C'est la tradition dite *brevis manus*. De même, lorsque le constituant possède et que le gagiste consent à lui laisser la chose à titre de bail ou de précaire, il n'est pas nécessaire que la possession passe matériellement d'abord à titre de gage au créancier pour faire retour à titre de précaire ou de bail au propriétaire, qui dans tous les cas garde le bénéfice de l'usucapion. Le concours des volontés suffit encore pour amener ce résultat.

La possession à titre de gage peut aussi être acquise au créancier par l'entremise d'un tiers, et il nous suffit de dire que les règles applicables au cas où la tradition a lieu de cette manière, alors qu'il s'agit de l'acquisition de la possession *corpore et animo domini*, doivent être suivies, *secundum subjectam materiam*, bien entendu, pour l'acquisition de la possession au profit du gagiste.

Qui peut recevoir un gage ou une hypothèque? — Le gage et l'hypothèque étant destinés à fortifier une créance, c'est au créancier qu'ils doivent profiter en définitive. C'est donc au profit du créancier que doit intervenir le contrat de gage; et de là, si l'on suppose une créance appartenant à *Primus,* mais dont le montant pourra être payé à *Secundus, adjectus solutionis gratia,* il n'y aura pas de gage possible au profit de ce dernier, parce qu'il n'a pas de droit personnel.

C'est ainsi encore que le gage donné au père pour sûreté d'un legs *per damnationem* fait sous condition à son fils devient inutile, si, à l'arrivée de la condition, le fils se trouve *sui juris :* le père n'ayant jamais eu aucun droit au legs pour lequel le gage avait été constitué.

Le plus ordinairement le créancier lui-même sera partie au contrat ayant pour objet d'affecter une chose à la sûreté de sa créance. Est-ce-à-dire que le bénéfice de ce contrat lui sera acquis seulement dans le cas où il y aura figuré lui-même?

Il est certain que le père ou le maître peut acquérir le droit réel de gage ou d'hypothèque par un contrat fait avec le fils de famille ou l'esclave.

Mais supposons que le créancier soit représenté par un mandataire, acquerra-t-il le droit réel de gage *per extraneam personam?*

La négative résulte de cette règle romaine, que l'on ne peut acquérir des droits que par soi-même ou par les personnes que l'on a sous sa puissance. Cependant le contrat ne sera pas sans doute inutile. Le mandat avait fait naître pour le créancier l'action *mandati* contre le mandataire, et, par suite, le mandataire, ayant acquis le droit que, dans leur intention commune, il devait faire acquérir à son mandant, se trouvait obligé

de lui céder les actions dérivant du contrat passé en
exécution même du mandat. Ainsi le créancier obtiendra indirectement le bénéfice du gage ou de l'hypothèque.

Accordait-on au créancier, dans ce cas, et sans qu'il
fût nécessaire de recourir à la cession d'actions, une
action hypothécaire utile? Peut-être c'est là le sens
qu'il convient de donner à la loi 21 pr., *D. de pign.
et hyp.*

Au surplus, on avait admis que la personne au nom
de laquelle une somme d'argent avait été prêtée acqué-
rait directement le droit dérivant du *mutuum*, et l'action
mutui ou *condictio*; et Justinien, par sa constitution **2,**
au **C.** *per quas person.*, a décidé que le gage ou l'hypothèque donnés à la personne ayant figuré dans le *mutuum* seraient également acquis à celui pour le compte de
qui le prêt aurait eu lieu.

Les règles indiquées plus haut pour le cas où le gage
a été donné à un mandataire du créancier sont suivies
lorsque, n'y ayant pas mandat, le créancier a ratifié le
contrat de gage ou d'hypothèque.

Si le créancier est un pupille, il peut acquérir le
droit réel d'hypothèque sans l'autorisation de son tuteur, car il rend ainsi sa condition meilleure ; mais il
ne peut, sans cette autorisation, se soumettre aux obligations dérivant du contrat de gage envers le propriétaire de la chose engagée. Celui-ci exercerait donc inu-
tilement contre le pupille l'action *pigneratitia directa*.
Ce n'est pas à dire que le contrat puisse être scindé
dans ses effets et que le pupille serait fondé à ré-

damer tous les avantages du *pignus*, tout en repoussant ses conséquences à son égard. On suivrait le même principe que dans les contrats synallagmatiques parfaits, par exemple dans le contrat de vente. où le pupille ne peut pas demander la chose, parce qu'il est capable d'acquérir, et en même temps refuser le prix, parce qu'il est incapable de s'obliger.

Conditions requises dans la personne du constituant. — Le gage ou l'hypothèque sont ordinairement donnés par le débiteur, mais ils peuvent être également constitués par un tiers.

Nous avons dit plus haut sur quelles choses corporelles ou incorporelles le constituant peut établir un droit de gage ou d'hypothèque, et nous avons expliqué dans ses conséquences la loi 9, § I. *D. de pign. et hyp. Quod emptionem venditionemque recipit etiam pignorationem recipere potest.* Nous avons maintenant à développer cette autre règle, qui découle de ce que le contrat de gage engendre un droit réel et qui concerne plus particulièrement le pouvoir de la personne : *Nemo plus juris in alium transferre potest quam ipse habet.*

Nous allons examiner d'abord ce qui se rapporte à la capacité du constituant et aux circonstances dans lesquelles il n'aura pas figuré lui-même au contrat.

Puisque l'hypothèque et le gage donnent un droit réel au créancier et lui confèrent le droit d'aliéner, il faut, pour être capable de les établir, avoir la capacité d'aliéner.

Le pupille ne peut aliéner sans l'autorisation de son

tuteur ; il pourrait donc revendiquer la chose qu'il aurait donnée en gage.

Le pupille devenu pubère n'a plus de tuteur; mais
jusqu'à l'âge de vingt-cinq ans il peut recevoir et reçoit en général un curateur. Lorsque le pubère a un
curateur, il est assimilé au prodigue interdit, et par
suite incapable d'aliéner sans le consentement de son
curateur. Le même principe est applicable à l'hypothèque.

Les biens d'un fou peuvent être aliénés par son curateur, au moins lorsqu'il s'agit d'un agnat investi de
la curatelle légitime, et dans les cas où l'aliénation importe à l'administration confiée à ce curateur. Pour les
mêmes causes, le gage et l'hypothèque pourraient être
constitués. On a reconnu au curateur datif des personnes en état d'imbécillité, et même aux tuteurs des
impubères, le pouvoir de faire certaines aliénations
dans lesquelles la revendication est refusée au pupille,
par des considérations prises de son propre intérêt.
Le gage et l'hypothèque devraient être sans doute va-
lidés dans les mêmes circonstances.

Le magistrat chargé de l'administration des biens
d'une cité puisait dans cette administration large le
pouvoir d'aliéner, et par conséquent d'hypothéquer les
biens appartenant à cette cité.

Pour le fonds dotal, la loi Julia s'était montrée plus
sévère pour l'hypothèque que pour l'aliénation, puisqu'elle avait autorisé l'une avec le consentement de la
femme, et défendu l'autre, même avec ce consentement; Justinien, établissant l'égalité sur ce point,

défendit l'une et l'autre, que la femme eût ou non consenti (*Inst. quib. alien. lic. pr.*; *L. uni, C.*, § 15,
de rei uxor. act.).

Le fils de famille et l'esclave peuvent donner en gage
rem peculiarem; mais il faut que cet engagement du
pécule se rattache à la libre administration qui leur en
est accordée.

Ceci s'applique au pécule *profectice.*

Quant aux pécules *castrense* et *quasi castrense*, le fils
de famille *vice patris familiæ fungitur*, et ils peuvent être hypothéqués comme ils peuvent être aliénés.
Le fils de famille peut hypothéquer, mais seulement
avec le consentement de son père, son pécule *adventice.*

Le père de famille usufruitier et administrateur du
pécule *adventice* de son fils, aliène, et par conséquent
hypothèque valablement sous l'empire du besoin, les
biens qui composent ce pécule.

Du reste, on comprend que tous les administrateurs
que nous avons énumérés ne peuvent donner en gage
que pour les causes de leur administration. Ainsi l'hypothèque serait nulle, consentie par un tuteur pour ses
affaires sur la chose de son pupille ; ainsi encore le fils
de famille ou l'esclave ne peut engager pour autrui une chose qui fait partie du pécule dont il a la
libre administration; ce serait là, en effet, une libéralité.
Toutefois, il convient de réserver la question de fait
de savoir jusqu'où s'étend la permission qui lui a été
accordée d'administrer son pécule.

Celui qui constitue un gage, une hypothèque, peut

être représenté par la personne qu'il a sous sa puissance, agissant par son ordre.

On peut établir le droit réel de gage *per extraneam personam* à laquelle on a donné un mandat exprès ou tacite à cet effet, puisque l'on pourrait ainsi transférer la propriété.

En dehors de ces cas, l'hypothèque est nulle, à moins cependant qu'il ne soit établi que l'argent prêté a profité au propriétaire de la chose engagée; alors en effet, le créancier pourra, par une exception, paralyser la revendication du gage jusqu'au remboursement de l'argent avancé par lui.

Si une chose a été hypothéquée à l'insu du propriétaire, qui ensuite ratifie, la ratification équivalant à mandat, l'hypothèque vaudra, par la volonté du propriétaire, comme s'il y avait eu mandat à l'origine. Toutefois, si avant la ratification, et depuis l'hypothèque consentie par le tiers, le propriétaire avait engagé sa chose, il ne pourrait ratifier au préjudice de l'hypothèque établie par lui, puisqu'il n'aurait pas pu donner mandat contrairement à cette hypothèque.

De tout ce qui précède il résulte que, pour hypothéquer, il faut être propriétaire ou avoir, aux lieu et place du propriétaire, le droit de disposer de la chose. La conséquence nécessaire de ce principe est que l'hypothèque de la chose d'autrui est nulle. C'est aussi ce que tous les textes proclament à l'envi (1). Cependant, il faut étudier dans ses applications à notre matière la

____

(1) L. iv, l. vi, l. ult., C. si alien. res pign.

ègle : *Nemo plus juris in alium transferre potest quam ipse habet*, règle d'où dérive la nullité de l'hypothèque onsentie sur la chose d'autrui.

Et d'abord écartons diverses circonstances dans lesquelles on pourrait croire, à première vue, qu'il y a hypothèque de la chose d'autrui valable.

Ainsi le procureur peut hypothéquer la chose du mandant en vertu du mandat du propriétaire, et le consentement de celui-ci peut être tacite et s'induire de certains actes. Ajoutons que la dissimulation frauduleuse du propriétaire est assimilée à son consentement, et produit les mêmes effets.

Nous savons aussi qu'en vertu du principe : *Ratification vaut mandat*, le consentement peut être donné postérieurement à l'acte et le valider (1).

On alla plus loin, et on admit l'hypothèque de la chose d'autrui, si seulement existait au profit du débiteur le droit éventuel à la propriété. Ainsi on valida l'hypothèque consentie par le fidéicommissaire sur tous les biens en masse composant la succession avant la restitution de l'hérédité, avant même tout prélèvement fait par le fiduciaire en vertu du testament (2). Dès lors l'hypothèque de la chose due au débiteur, l'hypothèque des choses futures, devinrent possibles, et l'hypothèque générale de tous les biens put comprendre les

_____

(1) L. ii, § 7, l. xii, D., de pign. act. ; l. v, § 2 , D. , in quib. caus. pign. ; l. xxvi, § 1, D., de pign. et hyp. ; l. ii, C., si alien. res pign. ; l. xx, D., de pign. act. ; l. xvi, § 2, D., de pign. et hyp.

(2) L. lvi, D., ad. sc. Trebel.

biens à venir comme les biens présents du constituant (1).

On permit même l'hypothèque spéciale d'une chose
appartenant à autrui, si, en constituant le gage, le débiteur déclarait l'hypothéquer pour le cas où elle entre-
rait dans ses biens (2).

Enfin Justinien, faisant, de la négligence à racheter
leur auteur de la captivité chez l'ennemi, un cas d'in-
gratitude, et par conséquent d'exhérédation pour les
héritiers *ab intestat* ou testamentaires, leur permit, si
leurs ressources personnelles ne suffisaient pas au
rachat, d'emprunter pour ce motif et de constituer
valablement en gage les biens mêmes du captif (3).

Le dernier cas seulement présente une véritable exception au principe ; les autres en sont plutôt la confirmation ou la conséquence. Dans les premiers, en
effet, nous trouvons ou le consentement du propriétaire
ou un fait que la loi considère comme l'équivalent de
son consentement ; et, dans les derniers, il y a plutôt
hypothèque de la chose du constituant que de la chose
d'autrui, puisque l'hypothèque n'est consentie qu'à la
condition que la chose entrera dans les biens du débiteur, et seulement quand elle y entrera.

En dehors de ces hypothèses, la règle subsiste. Mais
qu'arrivera-t-il si, au mépris de cette règle, il y a eu
hypothèque de la chose d'autrui? Pour circonscrire et

(1) L. I, D., de pign. et hyp.; l. xv, eod. tit. ; l. xI, § 3, D., qui pot in
pign.

(2) L. xvI, § 7, D., de pign. et hyp.

(3) Nov. 115 c. 3 § 13.

préciser la difficulté, il faut observer tout d'abord qu'il s'agit de savoir si cette constitution irrégulière pourra faire naître le droit réel de gage ; car, pour les obligations qui naissent du contrat, nous n'avons pas à nous en occuper ici. De plus, il faut supposer ou bien que celui qui a hypothéqué la chose d'autrui est devenu postérieurement propriétaire de cette chose, ou bien qu'il a laissé pour héritier la personne à laquelle appartenait la chose induement engagée. Nous nous attacherons donc successivement à chacune de ces hypothèses.

Et d'abord supposons que la chose qui appartenait à autrui est devenue la propriété du constituant : le droit *réel* de gage ne pourra naître. C'est en effet la conséquence naturelle de ce qui précède; c'est de plus l'application forcée du principe : *Quod initio vitiosum est, post facto convalescere non potest,* car ce principe ne peut évidemment s'appliquer qu'au cas où le vice originaire vient à disparaître. Aussi trouvons-nous cette doctrine très-nettement formulée dans la loi 5 au Code, *si alien. res pign.,* en ces termes : *Quum res quæ necdum in bonis debitoris est, pignori data ab eo, postea in bonis ejus esse incipiat, ordinariam quidem actionem super pignore non competere manifestum est.*

Cependant l'équité fit ici fléchir le droit et corrigea ses rigoureuses conséquences, mais avec des restrictions et des distinctions que la raison commandait. On avait admis que, quand le débiteur et le créancier étaient tous deux de bonne foi, le préteur devait proté-

ger celui-ci par l'action hypothécaire, comme il protégeait celui-là par l'action publicienne.

Il sembla dur aussi de faire porter au créancier de
bonne foi la faute de son débiteur, lorsque, du reste,
la chose mal à propos engagée était devenue la propriété de ce débiteur. C'était assurer à celui-ci l'impu-
nité et le faire profiter du bénéfice de son mensonge.
Aussi admit-on au profit du créancier de bonne foi l'action hypothécaire utile, qui reposait sur des motifs
d'équité et non de droit, et nécessitait une modification
de la formule. Mais quant au créancier de mauvaise
foi, les mêmes raisons d'équité ne se présentaient pas;
à son égard, on ne se départit point de la rigueur du
droit, et la convention hypothécaire, dénuée de toute
force, ne put ni créer un droit réel, ni engendrer aucune action même utile.

Cette doctrine, à la fois logique et équitable, et qui
nous semble avoir été sur ce point la doctrine romaine,
a cependant été vivement contestée. On a voulu rejeter
la distinction que nous faisons entre le créancier de
bonne foi et le créancier de mauvaise foi, et, pour arriver à ce résultat, on a essayé d'échapper à l'autorité
des textes qui confirment notre système. Il faut donc
recourir à ces textes et les examiner.

Et d'abord la loi 5 au Code, *si alien. res pign.*, dont
nous avons rapporté le commencement, poursuit en
ces termes : *Sed tamen œquitatem facere ut facile utilis
persecutio, exemplo pigneratitiæ, detur.* On peut, il nous
semble du moins, trouver dans ce texte la distinction
que nous avons admise. Pour cela il suffit d'ajouter

après les mots *exemplo pigneratitiæ* le mot *contrariæ*,
et de voir dans ce passage une comparaison que ferait
cette loi entre l'action réelle naissant de la convention
d'hypothèque et l'action personnelle résultant du contrat de gage. En effet, la loi 16, §. 1, D. *de pign. act.*,
supposant le cas où un débiteur ayant, par un contrat
de gage, engagé la chose d'autrui, en est devenu postérieurement et par une cause imprévue propriétaire,
décide que le créancier aura l'action pignératitienne
contraire, mais à la condition, toutefois qu'il ait été de
bonne foi. Le parallélisme est donc frappant, et notre
distinction par là même établie. Que si l'on rejette cette
explication, qui cependant n'est ni forcée ni invraisem-
blable, et qui a pour elle, outre l'autorité de Donneau,
l'avantage de supprimer dans cette loi une redondance
inutile, et de donner au mot *pigneratitiæ* son sens propre
et technique, nous pouvons faire cette concession sans
que notre système en soit ébranlé. Nous le retrouvons,
en effet, dans la loi 1re du Digeste *de pign. et hyp.* Papinien, auteur de cette loi, s'exprime en ces termes : *In
speciem autem alienæ rei collata conventione, si non
fuit ei qui pignus dabat, debita, postea debitori dominio
quæsito difficilius creditori, qui non ignoravit alienum,
utilis actio dabitur.* On a essayé de voir dans ce com-
paratif employé par Papinien, non pas une négation
catégorique, mais seulement, en principe, un refus de
l'action qui cependant, dans quelques hypothèses, devrait être accordée. Nous ne croyons pas cette explication vraie. D'abord les exemples ne sont pas rares,
au Digeste, de ces affirmations ou de ces négations

présentées sous la forme d'un doute ; telle paraît au contraire avoir été l'habitude des jurisconsultes : lorsqu'ils indiquaient une doctrine nouvelle, ils ne l'affirmaient pas, mais la proposaient timidement en quelque sorte, et l'abritaient sous une formule dubitative ; or, Papinien se trouvait précisément dans ce cas, puisque le premier il émettait une théorie que l'équité seule lui suggérait. De plus, l'opinion contraire nous semble peu juridique, car on n'aperçoit pas bien quelles seraient les limites de ce pouvoir laissé au magistrat de donner ou de refuser l'action, quelle pourrait être son critérium, quelles distinctions il ferait entre les divers cas où le créancier sera de mauvaise foi. En effet, ou cette mauvaise foi doit faire refuser l'action au créancier, ou, si malgré cette mauvaise foi on la lui accorde, on ne peut pas ne pas la lui accorder toujours. Il serait encore plus singulier de prétendre qu'à la demande du créancier le préteur d'abord dût refuser l'action, puis, sur ses instances renouvelées, la lui accorder. Quand il accorde un droit il n'en restreint ni n'en diffère le bénéfice, et ne peut trouver dans les fonctions juridiques dont il est investi le pouvoir de refuser sans juste motif, ou d'accorder ensuite ce qu'il a d'abord justement refusé ; car, revenir sur un refus que le droit commande, c'est accorder contre le droit. Enfin, en l'absence de toute preuve, un raisonnement suffirait pour faire repousser la doctrine que nous combattons. Il est certain que l'on doit donner plus facilement au créancier l'action pignératitienne contraire contre son débiteur, qu'une action réelle hypothécaire sur la chose d'autrui. Le débiteur a pu valablement s'obliger vis-à-vis de lui, et la circonstance que la chose appartient à autrui ne peut le dispenser de subir l'action personnelle, conséquence de son obligation ; l'action réelle, au contraire, ne serait pas donnée contre le seul débiteur, mais encore contre tous les tiers possesseurs. Il est donc beaucoup plus grave d'accorder l'action réelle que l'action personnelle. Or, la loi 16, §. 1, D., *de pign. act.*, refuse péremptoirement cette action pignératitienne contraire au créancier de mauvaise foi ; comment admettre dès lors qu'il pût avoir l'action réelle hypothécaire ? D'ailleurs, il est encore un texte qui confirme notre système, c'est la loi 41, D., *de pign. act.* En effet, le jurisconsulte Paul, qui y reproduit la doctrine de Papinien, et accorde l'action utile au créancier, suppose qu'il se trouve agir contre un débiteur qui l'a trompé et qu'il peut convaincre de mensonge. N'est-ce pas dire que le créancier est de bonne foi, et pourrait-on concevoir ce reproche adressé par un créancier qui eût été édifié sur les droits de son débiteur ?

Jusqu'ici nous avons supposé que le créancier ne possédait pas la chose ; mais s'il la possède, lui accorderons-nous le droit de rétention ? La loi 25 au Digeste, *de pign. et hyp.*, semble la lui refuser. Mais cette loi ne règle pas notre hypothèse. Le vice du gage qu'elle suppose est un vice radical et que rien ne peut couvrir ; c'est, par exemple, un fonds dotal qui a été engagé, ou une chose litigieuse, ou une chose *nullius*. Cette loi écartée, deux textes donnent

au créancier, dans notre hypothèse, le droit de rétention. L'un est cette même loi 1re au Digeste *de pign.
et hyp.*, que nous avons dejà citée, et l'autre est la
loi 7, § 2, Digeste *de sc. Maced.* De plus, rien dans
ces textes ne nous indique, comme pour l'action,
une division nécessaire entre le créancier de bonne
foi et le créancier de mauvaise foi; ils semblent plutôt, au contraire, accorder le droit de rétention in-
différemment à l'un et à l'autre. Ce n'est pas d'ailleurs le seul cas où le droit romain donne par la
voie d'une exception ce qu'il refuse par la voie de l'action. Enfin, en théorie on comprend qu'un débiteur
puisse, même à l'occasion de la chose d'autrui, prendre l'engagement que, tant qu'il n'aura pas payé, il
laissera cette chose entre les mains de son créancier,
sans pouvoir la réclamer de lui; il est censé par là
promettre qu'en cas où il acquerrait quelque droit sur
cette chose, il n'inquiétera pas son créancier, et, en
conséquence, celui-ci peut n'avoir pas l'action, parce
que le droit de gage n'a pu naître, mais en vertu de la
convention même avoir le droit de rétention. Au surplus, il faut observer que l'exception de dol ne pourra
être opposée par le créancier qu'à la revendication du
débiteur; et si nous supposons que ce dernier ait consenti d'autres hypothèques sur la même chose, l'exception ne pourra paralyser l'action de ces créanciers hypothécaires. Ils combattent en effet, non pour gagner,
mais pour ne pas perdre, et en pareil cas, l'exception tirée du dol de l'auteur ne peut nuire à l'ayant cause (1).

(1) L. ɪv, § 27 et 31, D., de dol. mal. et met. except.

Il faut supposer, avons-nous dit, pour la difficulté qui nous occupe, que postérieurement à cette tentative de constitution de gage, le débiteur est devenu propriétaire de la chose, et cela par une cause imprévue. On pourrait, au premier abord, être tenté de ranger parmi ces causes imprévues le cas où le propriétaire de la chose devient héritier du débiteur qui a prétendu l'engager. Cependant la question est différente. Sans doute, l'obstacle à la validité du gage, le défaut de propriété chez l'obligé, a disparu; mais cela n'est pas suffisant. Ce n'est point en effet par une confirmation après coup d'un acte nul dans le principe qu'il faut autoriser l'action : l'action ne repose que sur des considérations d'équité; elle est accordée parce qu'il serait inique de voir le débiteur qui a engagé la chose d'autrui, arguer de son mensonge pour repousser le créancier qu'il a trompé. Or, l'héritier est ici à l'abri de tout reproche. De plus, pour constituer les droits réels, il faut le consentement du propriétaire; or, dans l'espèce précédente nous avions le consentement du débiteur, qui plus tard avait acquis la propriété; ici, au contraire, l'héritier n'a pas consenti. Dira-t-on qu'il est obligé d'observer ce qui a été fait par son auteur, dont il continue la personne? Il est sans doute tenu de ses obligations, et le créancier aura certainement contre lui l'action personnelle résultant du gage, absolument comme il l'aurait eue contre le défunt; mais le droit réel ne peut naître que quand toutes les conditions nécessaires à son existence se rencontrent; or, ici, ces conditions manquent. Aussi dans cette même loi 41 D. *de pign. act.*, que nous avons déjà citée, Paul, comparant précisément entre elles l'hypothèse où le débiteur est devenu propriétaire de l'objet mal à propos engagé, et celle où le propriétaire de la chose devient héritier du débiteur qui a tenté de l'hypothéquer, refuse dans ce second cas l'action qu'il accorde dans le premier. Aucune difficulté ne pourrait donc s'élever sur ce point, si nous n'avions au Digeste un autre texte, qui, prévoyant évidemment la même hypothèse, donne une solution absolument contraire : c'est la loi 22, au titre de *pign. et hyp.* Les essais de conciliation n'ont pas manqué. Leur nombre seul, leur divergence et la singularité de la plupart suffiraient à prouver l'antinomie. Pour accorder les deux jurisconsultes, on a eu recours aux moyens les plus désespérés : suppositions de circonstances dont il est également impossible de trouver la mention ou d'expliquer l'absence, distinctions arbitraires et sans résultat satisfaisant, altération du sens naturel des termes, ou de la ponctuation, ou du texte lui-même. De ces diverses tentatives, il suffit d'en rapporter une, la plus ancienne, la plus accréditée et la plus spécieuse. Laissant à la loi 41 son véritable sens, Accurse, et après lui Donneau et Noodt, qui ont adopté son opinion, prétendent que dans la loi 22, Modestin aurait en vue un gage constitué par contrat, et parlerait de l'action personnelle résultant de ce contrat. Mais cette explication ne peut se soutenir en présence des termes employés par Modestin. On ne peut comprendre en effet comment, se référant au contrat de gage et à l'action personnelle qui en découle, ce jurisconsulte dirait que le gage n'est pas valable directement et ne donnerait au créancier que l'action utile. La circonstance que l'objet du contrat de gage n'appartient pas au débiteur ne peut, cela est certain, et selon ce que nous avons dit, empêcher le contrat d'obliger valablement et *ab initio* les parties ; les obligations sont nécessairement formées, et l'action naît, comme conséquence forcée, non pas utile, mais directe, soit contre le débiteur, soit contre son héritier, tenu de toutes ses obligations et continuateur de sa personne.

Il faut donc se résoudre à avouer l'antinomie, que l'on peut, du reste, fort bien expliquer. On a fait remarquer que la loi 22 était extraite d'un ouvrage dans lequel Modestin traitait des cas où une différence dans les faits devait amener une différence dans la solution ; c'était donc comme un recueil de questions délicates où la controverse et la divergence d'opinions ne doivent pas étonner. De plus, nous sommes ici dans une matière où les principes d'équité envahissaient le droit ; qu'y a-t-il donc, dès lors, d'extraordinaire à supposer que, du temps de Paul au temps de Modestin, ces principes avaient fait un nouveau progrès? Au surplus, l'antinomie est moins formelle en réalité qu'elle ne paraît l'être au premier abord ; car Modestin reconnaît expressément qu'en droit la doctrine de Paul est la seule vraie : *Directo pignus non convalescit*, dit-il, et par là il la confirme ; et il est permis de croire qu'imitant jusqu'au bout Papinien, puisque, comme ce dernier, il accordait au créancier, par des motifs d'équité, une action que le droit déniait, il eût aussi fait ses ré-.

serves, et refusé d'étendre le bénéfice de sa doctrine au créancier de mauvaise foi. Aussi la conclusion de tout ce qui précède, s'il faut opter entre les deux théories, doit-elle être que la théorie de Paul est beaucoup plus juridique, mais que cependant il faut s'attacher de préférence à celle de Modestin, puisqu'elle est plus équitable, et surtout qu'elle est postérieure.

Art. 2. — *Du Gage testamentaire.*

Cette espèce de gage nous est révélée par Ulpien, qui nous indique, pour sources, des rescripts de Septime Sévère et Antonin Caracalla. Ce gage pouvait, dans l'origine, être accordé par le testateur dans deux cas : soit pour la sûreté de ses légataires, soit pour celle de ses créanciers. Mais du moment où Justinien, confondant les différentes espèces de legs, eut attaché à tous l'action hypothécaire, le gage testamentaire fut nécessairement réduit au second cas.

SECTION II. — GAGE NÉCESSAIRE.

Cette section comprend deux articles. Dans le premier, nous parlerons du *juge prétorien;* dans le second, des *hypothèques tacites.*

Art. 1er. — *Gage prétorien.*

Le gage prétorien est ainsi appelé parce qu'il est établi, non par la volonté des parties, mais par l'ordre du préteur. Dans certains cas, en effet, et sous

certaines conditions, le préteur donnait aux créanciers chirographaires un gage sur l'universalité ou
sur quelques-uns seulement des biens de leur débiteur.
Cela pouvait avoir lieu dans deux cas : c'était tantôt
une garantie dont l'effet était de rendre efficace une de
ces mesures conservatoires connues dans le droit romain sous le nom de *missiones in possessionem*, tantôt
une sanction attachée à l'exécution d'une sentence. De
là deux espèces de gage prétorien, dont la première
seule a retenu dans la doctrine cette appellation. La
seconde, appelée *pignus in causâ judicati captum*, a
reçu des interprètes le nom de *judiciaire*. Toutefois, il
faut l'avouer, cette appellation, pour n'être pas tout à fait
inexacte et offrir même une certaine commodité, présente un danger : elle pourrait faire croire que cette
espèce de gage était conférée *in judicio* par le juge.
Ce serait une erreur : à Rome, le juge, simple citoyen, investi d'un pouvoir éphémère par le magistrat,
épuisait tout ce pouvoir en rendant la sentence et ne
pouvait prendre aucune mesure pour en assurer l'exécution; ces mesures étaient toutes du ressort du magistrat, seul revêtu de l'*imperium* et qui seul était dépositaire de la force et de l'autorité publiques. Ajoutons
que cette appellation semblerait ne pas s'étendre aux cas
où il n'y avait pas lieu à nomination de juge, à ces cas
de procédure extraordinaire, où le préteur statuait lui-
même.

L'ancienne *pignoris capio* ne pouvait avoir lieu que
dans un petit nombre de cas déterminés par la loi ou la
coutume; elle s'accomplissait par la saisie réelle d'une

chose appartenant au débiteur, et était accompagnée de
certaines paroles solennelles.

Quant à la *missio in possessionem*, ayant pour but
d'arriver à la vente des biens, le créancier qui avait
obtenu une condamnation, ou dont le débiteur était
confessus ou *indefensus*, devait s'adresser au préteur.
Celui-ci, après avoir vérifié la demande, l'autorisait par
un décret à se mettre en possession de tous les biens de
son débiteur.

Au reste, la *missio in possessionem* ne conférait pas au
créancier la possession juridique : il détenait à titre conservatoire. Mais le préteur le protégeait au moyen de
l'interdit, *ne vis fiat ei qui in possessionem missus erit,*
et il lui accordait aussi une action *in factum* d'une application plus large, en ce sens que l'interdit n'était
applicable qu'aux actes de violence, tandis que l'action embrassait tous les obstacles que pouvait rencontrer l'envoyé en possession.

Plus tard et sous les empereurs, une voie d'exécution
nouvelle, le *pignus in causâ judicati captum*, imitation
sans doute de l'ancienne *pignoris capio*, fut introduite
d'abord pour les créances du fisc, et ensuite étendue aux
créances privées. La sentence produite ou l'aveu justifié
ou encore le défaut constaté, le préteur faisait saisir
une portion des biens du débiteur, suffisante pour procurer le paiement au créancier. Ainsi, et c'est là la
grande différence avec le gage prétorien résultant de la
missio in possessionem, il n'y avait plus ni détention ni
saisie générale de tous les biens. La saisie portait d'a-

ɔord sur les meubles, puis sur les immeubles, enfin sur les créances.

Son effet était de créer au profit du créancier un droit l'hypothèque, et, par conséquent, de l'armer de l'action réelle hypothécaire. Au bout de deux mois, on procédait à la vente des objets saisis ; cette vente était faite par les appariteurs, et le montant en était remis au créancier. S'il y avait excédant, il était rendu au débiteur. Enfin, s'il ne se présentait pas d'acheteur, l'objet pouvait être adjugé au créancier.

Justinien, par sa constitution formant la loi 2 au Code *de pign. et hyp.*, décide que le créancier à qui la *missio in possessionem* a été accordée, a l'action réelle pour recouvrer la possession qu'il aurait perdue Il paraît qu'il y avait doute sur ce point dans l'ancien droit.

Art. 2. — *Des Hypothèques tacites.*

Les hypothèques tacites que les modernes appellent légales sont celles que constitue non pas la volonté des parties, mais l'autorité législative. Elles ont d'abord été supposées dans les circonstances où la constitution contractuelle de l'hypothèque avait fini par devenir de style.

Les *pignora tacita* sont toujours des hypothèques, à la différence des *pignora necessaria*, résultant de l'ordre du magistrat, qui sont toujours accompagnés de la possession et ne commencent qu'avec elle.

Les hypothèques tacites sont spéciales ou générales, en ce sens que les unes portent sur des biens déterminés du débiteur, et les autres sur l'ensemble de son patrimoine.

Lorsque nous nous occuperons de l'ordre des hypothèques, nous verrons qu'il existe des créanciers auxquels un rang privilégié est accordé. Faisons observer dès à présent qu'il ne faut pas confondre les hypothèques tacites avec les priviléges. Ces derniers ne sont pas nécessairement attachés à des hypothèques tacites.

Les hypothèques tacite sétaient inconnues dans l'ancien droit; elles s'introduisirent à l'époque de Nerva et de Trajan. Les premières dans l'ordre chronologique furent spéciales; elles se trouvent presque toutes dans les *Pandectes*. Les hypothèques tacites générales sont postérieures et se multiplièrent surtout sous Justinien.

Nous allons faire connaître d'abord les hypothèques spéciales.

1° *Hypothèque du locateur.* — L'hypothèque tacite est accordée au locateur pour la sûreté des obligations dérivant du contrat de bail à la charge du locataire. Elle a lieu, soit au profit du locateur d'un fonds rustique, soit au profit du locateur d'un fonds urbain.

Le locateur d'un fonds frugifère a hypothèque sur les fruits, indépendamment de toute convention, et cette hypothèque commence du moment où les fruits sont séparés du sol.

Pour les héritages urbains, elle a lieu sur les meubles que le locataire doit apporter sur le fonds pour y rester, *invecta et illata*. Elle commence à l'instant où ces meubles sont apportés dans la maison. On assimile à la naison l'étable qui en est séparée, les magasins, les granges, etc.

Cette hypothèque tacite qui d'abord n'avait lieu que pour les maisons situées dans le territoire de Rome et de Constantinople a été étendue par Justinien aux maisons situées dans les provinces.

Dans le bail des fonds frugifères, il faut une convention spéciale, si indépendamment des fruits on veut engager les meubles du fermier.

Le locataire peut sous-louer tout ou partie de la maison, et le propriétaire a une hypothèque sur les meubles apportés par le sous-locataire. Toutefois cette hypothèque ne s'étend pas au-delà du loyer de ce sous-locataire.

Faisons remarquer que si l'engagement par contrat met obstacle à l'affranchissement des esclaves, il n'en est pas de même de l'hypothèque tacite du locateur, qui n'empêche pas les affranchissements conférés par le locataire, au moins avant la saisie faite par le locateur non payé.

2° *Hypothèque tacite du créancier qui a prêté une somme d'argent pour rebâtir une maison.* — Sous Marc-Aurèle, une inondation du Tibre ayant renversé beaucoup de maisons, l'Empereur, afin d'en hâter la reconstruction, accorda une hypothèque tacite sur la maison à celui qui aurait prêté de l'argent pour la rebâtir. Le S. C. fut au surplus général et s'appliqua à toute reconstruction. Le créancier qui avait prêté de l'argent, non pas pour reconstruire (*restituere*), mais seulement pour

réparer (*reficere*) une maison, n'avait pas cette hypothèque tacite.

Cette hypothèque exige donc qu'il y ait un prêt d'une
somme d'argent, et que ce prêt ait été fait pour rebâtir
une maison en ruine. Elle n'appartiendrait pas dès lors
à celui qui aurait vendu les matériaux nécessaires, mais
elle serait accordée au prêteur quand même l'emprunteur aurait fait un autre usage des fonds prêtés, pourvu
qu'ils eussent été prêtés avec cette destination.

3° *Hypothèque tacite des pupilles sur la chose achetée
de leurs deniers.* — Lorsque l'on a prêté une somme
d'argent à quelqu'un pour acheter une chose, cette
chose appartient à l'acheteur et le prêteur des deniers
n'a que l'action personnelle contre celui-ci, à moins
qu'il n'ait été convenu que la chose lui serait engagée.
Dans le cas où les fonds qui ont servi à l'achat étaient
ceux d'un pupille, une constitution de Sévère et d'Antonin a décidé que la chose achetée serait tacitement
affectée d'une hypothèque pour en assurer le remboursement.

Est-ce le tuteur qui a acheté en son propre nom une
chose qu'il a payée des deniers pupillaires, le pupille
aura l'action dérivant de la tutelle, et garantie par les
cautions qui, selon les cas, ont pu être fournies par le
tuteur ; mais on lui accorde en outre une action *in rem
utilis* par laquelle il lui est permis de revendiquer la
chose achetée par son tuteur. Il résulte de la constitution de Sévère et d'Antonin que, si le pupille préfère
l'action personnelle à l'action réelle utile, il a un droit
d'hypothèque tacite sur la chose achetée par son

tuteur et qui dans ce cas reste la propriété de ce dernier.

L'hypothèque tacite dont nous venons de parler ne semble pas accordée au mineur, mais seulement au pupille. Toutefois, il faut remarquer que le mineur dont les deniers ont été employés par son curateur à acheter une chose a, comme le pupille, le droit d'exercer l'*actio in rem utilis*.

4° *Hypothèque de la femme sur les biens dotaux et sur les choses achetées avec l'argent dotal*. — D'après une constitution de Justinien rapportée à *la loi* 30 au Code *de jure dotium*, la femme a une hypothèque tacite sur les choses dotales, et sur les choses achetées des deniers dotaux, qui sont assimilées aux choses dotales d'après la loi 54, au Digeste *de jure dotium*. Cette hypothèque a pour but d'assurer la restitution de ces choses dues par le mari.

Nous avons dit que la loi *Julia* avait prohibé au mari la faculté d'hypothéquer le *fonds* dotal. Pour les autres choses, le pouvoir du mari était demeuré entier; elles pouvaient donc être hypothéquées. Justinien, pour leur restitution, donne à la femme une hypothèque tacite privilégiée.

5° *Hypothèque tacite des légataires*. — Justinien ayant décidé que, quelle que fût la forme de la disposition, le légataire aurait l'action personnelle que donnait autrefois le legs *per damnationem*, accorda à ce légataire en même temps une hypothèque tacite sur les biens du défunt.

Cette hypothèque ne s'étend pas aux biens de l'héritier, mais seulement à ceux du testateur. Si le legs est à la charge de plusieurs héritiers, les parts de chacun d'eux ne sont pas grevées pour la totalité du legs, mais seulement pour la portion dont chaque héritier est tenu ; car l'action hypothécaire ne compète au légataire, sur les biens recueillis par l'héritier, que dans les limites mêmes de l'action personnelle qu'il peut exercer contre cet héritier.

Cette hypothèque commence au jour du décès du testateur.

Indiquons maintenant les hypothèques tacites générales :

1° *Hypothèque tacite du fisc.*—Il résulte d'un rescrit des empereurs Antonin et Verus, rapporté dans la loi 7 au Digeste, liv. XXXIX, tit. IV, que les fonds appartenant au peuple romain et possédés par des particuliers sous la charge d'une redevance étaient affectés d'une sorte de droit de gage qui permettait d'obtenir, en faisant vendre la chose contre tout possesseur, le paiement même de ce qui restait dû pour un temps antérieur à la possession de ce dernier.

Sous Caracalla, si non plus tôt, le fisc eut une hypothèque tacite sur tous les biens de ceux qui devaient à un titre quelconque des contributions ; toutefois, il ne faut pas étendre outre mesure la loi 46, § 3 au Digeste *de jure fisci* : *Fiscus semper habet jus pignoris.* Ce texte est restreint par d'autres et notamment par les lois 6, 17 et 37 du même titre, desquelles il résulte que le fisc n'avait pas d'hypothèque pour les frais de la justice criminelle et pour les amendes, et que, lorsqu'il devenait créancier comme héritier d'un simple particulier, il ne pouvait prétendre qu'à un privilége, non à un droit réel hypothécaire. Lorsque l'impôt était payé par un tiers, celui-ci pouvait exercer l'hypothèque du fisc quand elle lui avait été cédée.

Ce n'est pas seulement à l'occasion des impôts que le fisc a une hypothèque tacite. Elle lui est accordée pour les créances qu'il peut avoir acquises directement, soit par des contrats, soit par des quasi-contrats.

On peut croire, d'après un passage des *Institutes* de Gaïus (liv. II, § 61), que, dans des temps plus anciens, des sûretés étaient données au peuple au moyen de conventions particulières par lesquelles lui étaient engagés des immeubles qui, en cas de non-paiement étaient vendus à des *prædiatores*.

L'hypothèque générale tacite a lieu, au surplus, même pour les créances contractuelles appartenant au trésor privé de l'empereur ou de l'impératrice.

L'hypothèque tacite du fisc s'étendait au besoin sur le bien dotal de la femme, quand il s'agissait d'une créance contre un *primipilus* et que les biens de ce dernier ou ceux du *nominator* qui l'avait désigné au choix de l'autorité avaient été épuisés.

2° *Hypothèque tacite des pupilles, des mineurs et des fous.* — Les pupilles et les mineurs ont une hypothèque tacite sur tous les biens de leurs tuteurs ou de leurs curateurs, et il semble que cette hypothèque leur était accordée même avant la constitution de Constantin par laquelle elle a été expressément consacrée.

Une hypothèque semblable a été donnée par Justinien aux fous sur les biens de leurs curateurs. Nous ne croyons pas qu'en l'absence d'une disposition formelle de la loi, il fût permis d'attribuer cette hypothèque aux prodigues ou aux autres personnes dont les biens sont confiés à une administration étrangère.

Elle est attachée au surplus à toutes les créances des pupilles, des mineurs ou des fous et semble commencer à l'époque où l'administration du tuteur ou du curateur a dû commencer elle-même.

Si la mère qui gère la tutelle de ses enfants contracte un second mariage avant d'avoir rendu son compte de tutelle et fait nommer un nouveau tuteur, les biens de son second mari sont tacitement engagés envers le pupille.

3° *Hypothèque tacite du fils ou de la fille de famille sur les biens de son père pour son pécule adventice.* — L'enfant avait aussi une hypothèque générale tacite sur les biens de son père pour son pécule *adventice.* Lorsque la mère mourait, les biens de la succession dévolus à l'enfant formaient un pécule *adventice* dont le père n'avait que l'usufruit. Ce pécule était appelé *regulare;* dans certains cas, le père n'avait pas même l'usufruit, et le pécule était dit alors *irregulare.* Le père, dans la première hypothèse, était comptable du capital; dans la seconde, il l'était du capital et des fruits. L'enfant avait pour ces causes une hypothèque générale qui datait du moment où les biens *adventices* étaient entrés dans l'administration du père. Il est permis de croire que cette hypothèque n'était accordée que pour les biens provenant aux enfants de leur mère ou de leurs ascendants maternels.

4° Hypothèque tacite des enfants sur les biens de leur père ou de leur mère au cas de second mariage. —Avant Justinien, la femme qui se remariait perdait la propriété des biens qu'elle avait reçus de son mari, et ces biens passaient aux enfants du premier mariage qui avaient, pour garantir cette restitution, une hypothèque tacite sur les biens de leur mère; mais si la mère ne se remariait pas, elle pouvait disposer des gains nuptiaux.

D'après la constitution de Justinien (l. VIII, §. 4, C. *de sec. nupt.*), les gains nuptiaux, tant ceux du père que de la mère, doivent toujours être laissés aux enfants, qu'il y ait ou non convol, et ceux-ci ont une hypothèque générale tacite sur les biens de leur père ou de leur mère survivant.

5° Hypothèque tacite pour le paiement ou pour la restitution de la dot — Justinien établit une double hypothèque générale à l'occasion de la dot. L'une accordée au mari pour sûreté de la dot promise, l'autre accordée aux personnes auxquelles la dot doit être restituée.

Il est à remarquer que lorsque l'action en restitution est exercée par la femme, l'hypothèque dont elle jouit est privilégiée.

6° Hypothèque tacite pour les biens paraphernaux et pour la donatio propter nuptias. —Enfin Justinien a donné à la femme une hypothèque générale tacite sur les biens de son mari, pour la restitution des deniers paraphernaux touchés par celui-ci et pour celle des biens aussi paraphernaux dont il est devenu débiteur envers elle.

La femme a également pour sûreté de la *donatio propter nuptias* une hypothèque tacite générale sur les biens du mari.

Il existe encore d'autres hypothèques tacites, introduites par Justinien, qu'il ne nous paraît pas nécessaire de rappeler ici. Notons seulement encore qu'il y avait une hypothèque sur les biens de l'époux qui avait reçu un legs de son conjoint sous la condition de ne pas se remarier, au profit de la personne qui devait profiter du legs, au cas de contravention par le légataire à la condition imposée, et que les églises avaient aussi une hypothèque sur les biens de l'emphytéote pour les dégradations que celui-ci aurait fait subir aux fonds emphytéotiques.

CHAPITRE IV

Effets du Droit de Gage ou d'Hypothèque.

Si nous analysons quels droits engendre le contrat de gage ou la convention d'hypothèque, nous reconnaîtrons qu'il produit : 1° un droit réel, 2° des obligations du créancier gagiste envers le propriétaire du gage, 3° des obligations du propriétaire du gage envers le créancier gagiste.

Au droit réel correspond l'action servienne ou quasi-servienne ou hypothécaire ;

Aux obligations du créancier gagiste, l'action personnelle pignératitienne directe ;

Aux obligations du propriétaire du gage, l'action personnelle pignératitienne contraire.

Notre but n'est pas de traiter ici des obligations résultant du contrat de gage ; c'est donc exclusivement des effets du droit réel que nous allons nous occuper.

Et d'abord il faut reconnaître et déterminer l'étendue de ce droit. Nous parlerons en second lieu de la situation faite aux parties par le contrat ; en troisième lieu, nous traiterons du droit du créancier de faire vendre la chose engagée pour être payé sur le prix ; et, enfin, nous chercherons quel est l'ordre des différents créanciers entre eux.

SECTION Ire. — ÉTENDUE DU DROIT DE GAGE.

Nous avons reconnu quels objets peuvent être frappés du droit d'hypothèque ; il faut maintenant examiner dans quelle mesure le droit d'hypothèque affecte les objets qui lui sont soumis ? A cette question, les textes répondent par des distinctions nombreuses, et qui nous indiquent ici une division nécessaire de l'hypothèque. Ils nous la présentent en effet s'appliquant tantôt à des choses spéciales individuellement déterminées, tantôt encore à un tout intellectuel comprenant des choses d'un genre déterminé, tantôt enfin à l'ensemble du patrimoine du débiteur.

Cette division, que les modernes appellent division du gage en spécial et général (*pignus speciale ou particulare, pignus generale ou universale*), est loin d'être formulée aussi nettement dans les textes des compilations justiniennes. Le plus souvent, en effet, pour indiquer l'étendue du droit d'hypothèque, nous y rencontrons, au lieu de formules techniques, des périphrases qui varient à l'infini. On peut cependant dire que l'on y trouve aussi quelquefois ces expressions : *Specialis* et *generalis hypotheca*, ou plutôt ces locutions : *Specialiter et generaliter obligare*, ou *pignori dare* et autres semblables.

1° *Hypothèque spéciale.* — Une première observation se présente : c'est que l'affranchissement étant la règle, l'engagement a besoin d'être établi. Nul n'est présumé débiteur, et celui qui se prétend créancier doit prouver l'existence de l'obligation qu'il allègue. Ce qui est vrai, relativement à l'engagement des personnes, est en principe également vrai en matière de gage ou d'hypothèque pour l'engagement de la chose sur laquelle on prétend exercer un droit de cette nature. La présomption sera donc que la chose est libre entre les mains du propriétaire, et nous retrouverons souvent l'application de cette même idée principale, lorsqu'ils'agira de déterminer l'étendue de ce droit de gage ou d'hypothèque.

Cela dit, et puisque nous supposons une hypothèque existante dont il s'agit de fixer l'étendue ou la limite, il est aisé d'apercevoir que les questions relatives à cette matière deviendront à peu près toujours des questions ayant pour objet de donner à l'intention des parties une juste et saine interprétation.

Parcourons successivement diverses hypothèses.

L'hypothèque est spéciale lorsqu'elle frappe sur une ou plusieurs choses individuellement déterminées, ou sur un ensemble de choses composant un tout intellectuel. Ainsi est spéciale l'hypothèque établie par exemple sur *Stichus esclave*, sur tel ou tel animal, etc. ; est spéciale encore l'hypothèque établie par exemple sur tel navire, sur telle maison, etc...; est spéciale enfin l'hypothèque établie sur un ensemble de choses ayant, considéré comme ensemble, un nom et une existence particulière, par exemple, sur un troupeau, sur un fonds de commerce.

‹ Les règles d'interprétation disent assez que la chose clairement désignée dans la convention est soumise à l'engagement avec tout ce qui la compose. Il suffit

de rechercher ce qui fait partie de la chose engagée
pour déterminer l'étendue du droit hypothécaire lui-
même. On ne considérera pas comme engagé tout ce
qui, n'étant pas compris sous la dénomination de la
chose, n'en fait pas partie : ainsi, le pécule de l'esclave
dans le gage établi sur l'esclave.

Dans d'autres circonstances, l'étendue du droit de
gage ne saurait être fixée par la seule détermination de
ce qui compose la chose dénommée au contrat, par
cette raison que les parties n'ont entendu engager que
ceux des objets dénommés qui se trouveront dans certaines conditions prévues par elles ; alors il est nécessaire d'apprécier ces conditions elles-mêmes en con-
sultant et l'intention des parties et les faits par suite
desquels les objets rentrent ou ne rentrent pas dans
leurs prévisions. Tel est le cas où, relativement à l'étendue de l'hypothèque du locateur, il y a lieu d'examiner si les objets qui se trouvent dans la maison louée y
ont été apportés dans les conditions où elles seront frappées du droit de gage. Ainsi, l'hypothèque du propriétaire sur les objets apportés sur le fond à perpétuelle
demeure ne saurait comprendre ce qui n'y a été mis
par le locataire que d'une manière provisoire.

On admettait que le gage constitué sur des choses
particulières devait s'étendre à leurs accessoires et dé-
pendances et à leurs fruits.

Si le gage a pour objet une esclave, le part de cette
esclave sera-t-il également engagé ? Malgré les difficultés que présente la conciliation de divers textes, il
semble que l'on peut faire les distinctions suivantes.

Le part est-il né avant la constitution du gage, il ne sera pas engagé, à moins de conventions particulières; il sera engagé, au contraire, si à cette époque il était simplement conçu, ou s'il a été conçu et est né depuis. Toutefois, lorsque l'esclave a été vendue par le débiteur à un tiers, le part conçu chez ce dernier ne sera pas soumis au droit de gage, parce qu'il n'aura jamais appartenu au débiteur par qui le gage avait été constitué.

Quant aux fruits, ils sont soumis au gage, ainsi que la chose qui les produit. Cela n'est vrai, au surplus, que pour les fruits non encore perçus au moment de la constitution du gage ; car les fruits antérieurement perçus ne peuvent être hypothéqués qu'en vertu d'une convention spéciale. L'application de la règle exige, en outre, quelques distinctions.

Si la chose frugifère engagée demeure la propriété du constituant, elle peut être suivie sans difficulté. Avant leur séparation du sol, les fruits n'en sont qu'un accessoire ; et si, après leur perception, ils sont entre les mains du propriétaire l'objet d'un droit distinct, on conçoit aisément qu'ils soient considérés comme compris dans l'engagement.

Mais qu'arrivera-t-il si, la chose ayant été aliénée, les fruits sont perçus par le tiers acquéreur? C'est à ce dernier qu'ils seront acquis par la perception, et, comme ils n'ont pas appartenu au constituant, on peut croire qu'ils ne sont pas engagés, la condition sous laquelle ils auraient été compris dans le gage en qualité de choses futures n'ayant pas eu lieu.

En sera-t-il ainsi même alors que le créancier aura exercé l'action servienne pour le fonds, et relativement aux fruits perçus par le tiers acquéreur depuis la *litis contestatio*?

Il est certain que, quand il s'agissait de l'action en revendication, le tiers possesseur était tenu de restituer les fruits, par cette double raison que la *litis contestatio* le constituant en état de mauvaise foi, il ne faisait plus les fruits siens par la perception, et que le demandeur devait obtenir le bénéfice du litige comme s'il avait été possible de faire droit à sa demande au moment de la *litis contestatio*. Mais ce qui était applicable à la revendication l'était-il également à l'action hypothécaire, et cette dernière action rendait-elle le tiers acquéreur comptable des fruits, à partir de la *litis contestatio* envers le créancier gagiste? Ce point est douteux; et peut-être est-ce par un sentiment d'équité plutôt que par une application stricte des principes, que l'on a admis le tempérament suivant : le tiers acquéreur sera tenu de la restitution des fruits envers le créancier gagiste, à compter de la *litis contestatio*, lorsque le prix de la chose sera insuffisant pour désintéresser ce créancier.

Ce tempérament a même été étendu aux fruits perçus avant la *litis contestatio* et qui n'auraient pas été consommés; et c'est à cette seconde hypothèse qu'il devrait être restreint, si l'on acceptait que la décision devant, dans l'action hypothécaire comme dans la revendication, produire les mêmes effets que si elle avait pu intervenir au moment de la *litis contestatio*, les

ruits perçus depuis cette époque devaient être assimi-
lés aux fruits perçus depuis la décision elle-même.

Nous venons de supposer que la chose engagée a été
rendue et livrée par le propriétaire. Qu'arriverait-il si
cette chose s'étant trouvée seulement *in bonis* du tiers
possesseur, il avait eu besoin de l'usucapion pour en
devenir propriétaire? L'usucapion ne fait acquérir la
chose que grevée des droits qui pèsent sur elle. Le
tiers, bien qu'affranchi de l'action en revendication,
restait donc encore soumis à l'action hypothécaire.
Mais l'action hypothécaire s'étendra-t-elle aux fruits? La
règle de l'ancien droit, que le possesseur de bonne foi
fait les fruits siens en les séparant du sol, avait été mo-
difiée par cette autre règle, qu'il devait compte, non-
seulement des fruits depuis la *litis contestatio*, mais
encore des fruits antérieurs, s'ils n'avaient pas été
consommés. Or, il semble résulter des textes que cette
même règle fut admise au profit du créancier hypothécaire, qui put exercer son droit sur les fruits acquis
au possesseur, d'après les anciens principes, mais non
consommés.

Ce qui est relatif aux fruits est applicable au croît des
animaux donnés en gage.

Le droit réel de gage s'étend, comme le droit de propriété, aux augmentations de la chose engagée, et il
subsiste nonobstant les modifications de cette chose qui
n'en ont pas entraîné la perte de manière à produire
l'extinction du droit.

C'est une nu-propriété qui a été donnée en gage;
après l'extinction de l'usufruit, l'hypothèque s'étend à

la propriété pleine de la chose, laquelle est affranchie
de la servitude qui la grevait.

L'hypothèque d'un fonds s'étend aux accroissements
produits par l'alluvion, à l'ile née devant le fonds, et
attribuée au propriétaire.

Une application importante de la même règle est que
l'hypothèque établie sur le sol s'étend aux constructions
qui seront ultérieurement élevées : *Omne quod inædi--
ficatur solo cedit.* A ce sujet pourraient se présenter
les différentes hypothèses examinées lorsqu'il s'agit de
la propriété, et nous aurions à rappeler les règles tra--
cées pour le cas où la maison a été construite par le
propriétaire sur son fonds avec les matériaux d'autrui,
soit de bonne, soit de mauvaise foi et aussi pour le cas
inverse où la construction a été faite par le possesseur
de bonne ou de mauvaise foi, d'un fonds appartenant
à autrui avec ses propres matériaux. Mais l'examen de
ces questions nous entraînerait trop loin de notre sujet.
Disons seulement que le possesseur de bonne foi n'est
tenu de rendre le fonds au créancier gagiste qu'autant que celui-ci l'indemnise de la plus-value, sans que
l'indemnité puisse jamais, d'ailleurs, excéder les dépenses.

Si l'hypothèque s'étend aux accroissements de la
chose engagée, elle ne grève pas les objets que le constituant peut acquérir aux lieu et place de cette chose.
Il n'y a pas en cette matière de subrogation réelle ;
mais le droit de gage ou d'hypothèque continue à subsister sur la chose aliénée entre les mains des tiers acquéreurs.

Nous parlerons, aux chapitre de l'extinction du droit de gage, des transformations qui produisent l'extinction de ce droit. Notons ici que l'action hypothécaire n'a pas lieu sur la chose nouvellement créée dans les cas où l'action en revendication n'existerait pas elle-même, mais que l'hypothèque s'appliquerait à la chose nouvelle formée par le débiteur, s'il y avait eu une convention particulière à cet égard.

Si l'objet de l'hypothèque est un ensemble de choses considéré comme un tout intellectuel, le droit hypothécaire porte sur cette *universitas* elle-même et sur les objets qui la composent. Les objets qui, postérieurement à la constitution du gage, viendront dans cette *universitas*, entre les mains du constituant ou de son héritier, seront frappés du droit hypothécaire qui affecte le tout; et ceux qui, en ayant fait partie, seraient aliénés, restent affectés du droit de gage entre les mains des tiers. Ainsi l'hypothèque d'un troupeau frappe toutes les têtes de bétail qui viendront successivement le composer, quand bien même, tous les animaux qui le composaient d'abord ayant péri, le troupeau serait renouvelé ; ainsi encore l'hypothèque d'une boutique s'étend à toutes les marchandises qui pourront successivement la garnir. Mais la loi 34 de notre titre qui parle de ce dernier cas dit que le droit du créancier est limité aux marchandises qui composeront le fonds de commerce au moment où il fera valoir son droit. On comprend en effet que, la destination de ces marchandises étant d'être soumises à un échange continuel, il n'a pas dû être dans la pensée des parties qu'elles resteraient grevées du droit hypothécaire si elles étaient aliénées. On peut généraliser cette solution et dire qu'elle sera applicable toutes les fois qu'il s'agira d'objets destinés à cet échange continuel que le commerce suppose et nécessite.

2° *Hypothèque générale.* — Nous avons vu plus haut que cette hypothèque ne put, dans l'origine, comprendre que les biens présents du débiteur; qu'elle put cependant et du temps même de la jurisprudence classique, être étendue, par mention expresse, aux biens futurs, et que Justinien, enfin, supprimant la nécessité de cette mention, déclara que dans tous les cas elle comprendrait les biens à venir comme les biens présents.

On peut donc poser en principe que, sauf les restrictions résultant de la volonté des parties, l'hypothèque générale frappe tous les biens présents et futurs, mobiliers et immobiliers, corporels et incorporels; aussi la loi 29. § 3 de notre titre, dit-elle que si un esclave, à la connaissance et du consentement de son maître, a engagé tous les biens de celui-ci, l'esclave lui-même qui a fait cette convention sera soumis au droit de gage (1).

Lorsque l'hypothèque générale a été établie par le défunt, elle ne comprend pas les biens que l'héritier aura acquis en dehors de l'hérédité. De même, les biens grevés de restitution pour cause de fidéicommis entre les mains du constituant ne seront pas atteints par

---

(1) L. xv, § 1, l. xxxiv, § 2, D., de pign. et hyp.; l. iv, C , quæ res pign. oblig. poss.

l'hypothèque générale ; ils sont plutôt, en effet, la propriété du fidéicommissaire ; mais les fruits de ces biens, appartenant au fiduciaire, seront frappés par l'hypothèque générale (1).

Comme il s'agit ici d'interpréter la volonté des parties, il faut encore exclure de l'hypothèque générale tout ce qu'il n'a pu être dans leur intention d'y soumettre. Sur ce point, la règle nous est donnée par les textes en ces termes : L'hypothèque générale ne comprendra pas tout ce que le débiteur n'eût pas vraisemblablement soumis à une hypothèque spéciale. Cela comprend soit les choses indispensables à ses besoins journaliers, par exemple, les meubles à son usage personnel, les vêtements, etc., soit les objets pour lesquels il a une affection particulière (3).

L'hypothèque générale subsiste sauf ce que nous dirons pour les affranchissements, sur toutes les choses particulières comprises dans le patrimoine, qui seraient postérieurement aliénées par le débiteur ; mais, au cas où l'aliénation aurait eu lieu avec le consentement du créancier, il y a renonciation au droit de gage. Quand la chose ainsi aliénée faisait plus tard retour au patrimoine du débiteur, les jurisconsultes hésitaient ; quelques-uns, s'appuyant sur les termes généraux de la constitution, qui embrassaient les biens

---

(1) L. xxix, pr. D., de pign. et hyp. ; l. viii, C, ad leg. Falc. ; l. iii, § 2, C., comm. de legatis.

(2) Paul, sent. Liv. v, tit. vi, § 16 ; l. vi à ix, D., de pign. et hyp. ; l. i, C. de pign. et hyp.

(3) L. ult. C., de remiss., pign.

futurs, donnaient de nouveau un droit hypothécaire ; d'autres, au contraire, voulaient que la renonciation une fois faite empêchât à jamais le droit du créancier de renaître. Justinien adopta la seconde opinion (1).

SECTION II. — DROITS DU GAGISTE ; — DROITS DU CONSTITUANT.

Pour se rendre un compte exact des droits du créancier gagiste sur la chose engagée, entre le moment où le gage est constitué et celui où s'accomplit la vente de la chose, il est nécessaire de distinguer le cas dans lequel il y a gage proprement dit et celui dans lequel il y a hypothèque. Il est nécessaire aussi de ne pas oublier les traditions historiques et de se souvenir que, dans l'origine, le gage était constitué par la transmission de propriété avec contrat de fiducie ; qu'ensuite, le contrat de gage n'emporta plus transmission de la propriété, mais seulement remise de la possession, et qu'enfin la convention d'hypothèque conféra un droit indépendant de la possession elle-même.

Occupons-nous d'abord du gage accompagné de la possession.

Dans le principe et avec la transmission de la propriété, le constituant n'a plus contre le gagiste qu'un droit de créance résultant du contrat de fiducie, et ce dernier est substitué aux avantages qui protégent la propriété elle-même.

Avec la simple remise de la possession, le gagiste

(1) L. xxix, pr. D., qui età quib. manum.; l. ii et iii, C., de serv. pign dat.

n'obtient qu'une portion des droits qui lui étaient acquis par la *mancipatio*, et, dès lors, pour déterminer quels sont ces droits, il faut examiner le partage qui s'établit, pour ainsi dire, entre le constituant et le créancier.

Quels droits restent donc au constituant?

La propriété demeure au débiteur. C'est donc à lui que reste la revendication.

Mais si le constituant avait la chose seulement *in bonis*, qui aura l'action publicienne, qui aura la possession *ad usucapionem*? L'action publicienne sera, comme la revendication, laissée à celui qui a engagé la chose, et c'est à lui aussi que sera conservée la possession *ad usucapionem*, pour laquelle le gagiste sera placé dans une condition analogue à celle de l'usufruitier ou de tous autres qui possèdent pour autrui.

Dans le cas où le créancier se présentant comme propriétaire aurait vendu la chose à un tiers de bonne foi, ce serait à ce tiers qu'appartiendrait dès lors la possession *ad usucapionem*; ce qui précède n'est donc vrai qu'entre le propriétaire et le gagiste.

Le constituant demeurant propriétaire, il sera maître d'aliéner la propriété qu'il a conservée; mais le droit de gage affectant la chose, cette aliénation ne sera pas aussi complète que si la chose était libre, en ce sens qu'elle ne passera entre les mains du nouveau propriétaire que grevée du droit de gage dont elle est affectée, à moins que le gagiste n'ait donné son consentement à l'aliénation.

Lorsqu'il y a droit de gage avec remise de la possession, le propriétaire ne peut pas donner à un tiers un droit semblable, car il ne saurait y avoir deux possesseurs de la chose à ce même titre ; mais pourra-t-il concéder sur la chose un droit d'hypothèque, qui n'exige pas la remise de la possession ?

La question peut être posée dans des termes plus généraux, et de manière à rechercher si le propriétaire qui a concédé une hypothèque peut en établir une seconde.

A cet égard, il faut se préoccuper des rapports du propriétaire avec le premier créancier gagiste ou hypothécaire, et de ceux de ce même propriétaire avec celui auquel il accorde une seconde hypothèque.

Quant au précédent créancier gagiste ou hypothécaire, il est clair que le nouveau droit consenti par le constituant ne peut altérer le droit qui était acquis à ce premier créancier.

Quant au second, l'erreur dans laquelle il serait entretenu ou laissé serait de nature à le rendre victime d'une sorte d'abus de confiance. Il faut donc qu'il soit averti de l'engagement de la chose, et la dissimulation ou le silence exposerait le constituant aux conséquences du stellionat.

Les mêmes considérations exigent que si le propriétaire aliène, il avertisse l'acquéreur des hypothèques dont la chose est grevée ; et comme le créancier hypothécaire a besoin, pour l'exercice de son droit, de suivre le sort de la chose dont la possession ne lui a pas été remise, et de savoir où elle se trouve, le propriétaire est tenu également d'avertir ce créancier ; autrement et par la vente, il commettrait, vis-à-vis de celui-ci, un vol de la chose engagée.

Ce que nous avons dit de l'aliénation est-il applicable à l'affranchissement des esclaves? On décidait, par une interprétation large de la volonté des parties et de la loi et aussi *favore libertatis*, que lorsque l'hypothèque était générale, elle ne faisait pas obstacle à la validité de l'affranchissement, pourvu qu'il n'eût pas lieu dans une intention frauduleuse. Si l'hypothèque était spéciale, au contraire, l'esclave affranchi était considéré comme toujours esclave au point de vue des droits du créancier gagiste et tant que ce créancier n'était pas désintéressé. L'affranchissement produisait ses effets du moment où le gagiste n'avait plus d'intérêt.

Nous avons dit que le constituant reste propriétaire. Est-ce à lui qu'appartiendront les fruits de la chose engagée, soit qu'il y ait gage, soit qu'il y ait hypothèque? L'engagement s'étend de la chose aux fruits qu'elle produit; mais par cela même, ces fruits sont la propriété du constituant, et le gagiste ne pourrait s'en emparer à titre de propriétaire, sans commettre un vol. Le créancier devra donc ou les rendre au propriétaire, si sa créance est payée, ou imputer leur prix, d'abord sur les intérêts auxquels il peut avoir droit, et pour le surplus, sur le capital même de sa créance.

Si tels sont les droits du propriétaire, quels sont ceux du gagiste?

Dans le gage proprement dit, le créancier n'a ni la propriété, ni la revendication, ni l'action publicienne, ni la possession *ad usucapionem*, ni la jouissance ; mais il a la *possessio rei ad interdicta,* et son droit est, en outre, protégé par une action réelle particulière, l'action servienne, quasi-servienne ou hypothécaire.

Au cas d'hypothèque, le créancier n'obtient pas d'abord la *possessio rei;* mais, si sa créance n'est pas payée, il peut exiger que cette possession lui soit remise. Elle lui devient nécessaire, soit pour assurer la conservation de la chose, s'il craint qu'elle soit détériorée, soit pour arriver à la vente et au paiement de sa créance.

Lorsque le créancier hypothécaire réclame la chose engagée contre une personne autre que le constituant, il agit en exerçant l'action réelle quasi-servienne ; c'est au moyen de cette même action réelle qu'il peut également exiger la remise de la chose de la part de celui qui a consenti l'hypothèque ; mais, contre celui-ci, ne trouverait-il pas dans la convention le principe d'une action personnelle ? L'action personnelle serait dans ce cas l'*actio pignoratitia contraria,* et il ne semble pas que les textes aient accordé, pour obtenir la possession de la chose, une autre action que l'action réelle quasi-servienne, même contre le débiteur.

Nous allons indiquer successivement les moyens à l'aide desquels le créancier conserve, recouvre ou obtient la possession du gage, c'est-à-dire que nous allons parler des interdits accordés au gagiste et des actions servienne, quasi-servienne et hypothécaire.

Interdits. — Le gagiste est le successeur du constituant dans la possession *ad interdicta,* et sa situation nous présente cette particularité que, tout en reconnaissant qu'il ne possède pas à titre de propriétaire, et que cette possession appartient à autrui, il a cependant les interdits qui ne sont accordés ordinairement qu'au possesseur *animo domini*.

Lors donc que le gagiste aura reçu du propriétaire la possession de la chose engagée, il exercera les interdits de la même manière que celui-ci, comme s'il avait la possession *animo domini*.

S'agit-il d'immeubles, s'il est troublé dans sa possession, il exercera l'interdit *uti possidetis* appartenant à la classe des interdits prohibitoires, doubles *et retinendæ possessionis*.

Cet interdit lui est donné, quel que soit l'auteur du trouble, et n'est soumis pour sa réussite qu'à cette condition, que la possession soit pure, vis-à-vis de son adversaire, des vices relatifs indiqués sous cette formule : *Nec vi, nec clam, nec precario ab adversario*.

L'interdit serait donc accordé même contre le propriétaire, si celui-ci était l'auteur des troubles à la possession, et ce propriétaire alléguerait vainement que seul il a la possession *animo domini*, puisque le gagiste lui opposerait le contrat de gage qui lui transfère la possession *ad interdicta*.

Contre l'action en revendication que le constituant prétendrait exercer, le créancier se défendrait par l'exception *in factum* tirée du contrat de gage.

S'il s'agit de meubles, le gagiste aura l'interdit *utrubi*, qui, comme le précédent, est prohibitoire, double *et retinendæ possessionis*.

Enfin, s'il a été dépossédé par violence, il aura, dans

les mêmes cas que le possesseur à titre de propriétaire, l'interdit *unde vi*, qui est simple *et recuperandæ possessionis*.

Si le gagiste voit sa possession protégée par les interdits, alors que cette possession lui est acquise, de quelle manière pourra-t-il l'obtenir ?

Il a sans doute l'action réelle servienne ou quasi-servienne ; mais les textes mentionnent un interdit spécial, *adipiscendæ possessionis*, appelé interdit salvien. Cet interdit était donné au bailleur de fonds ruraux pour se faire mettre en possession des objets que le fermier avait affectés au paiement des fermages. On a soutenu historiquement que l'interdit salvien a été l'origine de l'action servienne, tandis que d'autres auteurs se sont efforcés d'établir qu'il offrait un avantage particulier, indépendant de ceux qui étaient attachés à l'action servienne, sous le point de vue des relations du bailleur avec d'autres créanciers auxquels la chose aurait été hypothéquée. Cette dernière opinion nous paraît difficile à accepter.

On s'est demandé si l'interdit salvien était accordé exclusivement au bailleur, ou s'il avait été étendu par analogie, sous le nom d'interdit quasi-salvien, à tout autre créancier hypothécaire. Les textes ne paraissent pas établir cette extension, qui cependant eût pu paraître naturelle.

Était-il donné au bailleur seulement contre le fermier, ou lui appartenait-il même contre les autres possesseurs de la chose engagée ? Les textes sont favo-

:ables à ce dernier sens, et tendent à donner à cet
.nterdit un caractère général par rapport au bailleur.

2° *Action réelle servienne, quasi-servienne ou hypothécaire.* — Au droit de gage est attachée une action
réelle imaginée par le préteur Servius, et qui, après
s'être appliquée d'abord au cas spécial de la location
des biens ruraux, fut ensuite étendue à tous les cas
de gage et d'hypothèque, et prit le nom d'action quasi-
servienne ou hypothécaire.

On l'appelle aussi *pignoratitia in rem, pignoris vin-
dicatio* ou *persecutio*, et il ne faut pas la confondre
avec l'action pignératitienne directe ou contraire, qui est
personnelle et garantit les obligations dérivant du contrat de gage entre le propriétaire et le gagiste. Quelquefois les textes appellent simplement *pigneratitia*
l'action réelle hypothécaire; mais le sens de la phrase
indique alors qu'il s'agit de l'action pignératitienne
réelle, et non de l'action personnelle.

L'action quasi-servienne est une action utile si on la
compare à l'action servienne, de laquelle elle est déri-
vée par extension; mais elle suppose, comme celle-ci,
l'existence du droit réel de gage ou d'hypothèque. Il
arrive cependant que, dans certains cas, l'action hypothécaire est accordée, bien que le droit réel d'hypothèque n'existe pas encore, par exemple si le constituant était un possesseur de bonne foi, et si l'usucapion
n'était pas accomplie. Elle est alors utile aussi sous
ce second rapport.

L'action hypothécaire est donnée contre tout possesseur de la chose, le constituant ou un tiers, et elle a
pour but l'exercice du droit réel de gage ou d'hypothèque.

Au surplus, le créancier, n'ayant pas plus de droits
que le constituant, est tenu de respecter les droits réels
antérieurement établis sur l'objet engagé.

Comme conséquence du même principe, son ac-
tion pourrait être écartée par l'exception *justi dominii*,
si le gage ayant été consenti par un possesseur de
bonne foi, il agissait contre le véritable propriétaire.

L'action hypothécaire peut être exercée par le créancier contre un autre créancier auquel il est préférable,
soit par le temps, soit par la nature privilégiée de son
droit, et le demandeur doit, dans ce cas, obtenir la
possession de la chose.

Lorsque le créancier préférable est le défendeur qui
est en possession, l'action hypothécaire que prétend
exercer le demandeur sera repoussée par l'exception
in factum, à moins que je ne sois antérieur ou privilégié.

Si le demandeur et le défendeur sont de même rang
et de même ordre, on suit la règle : *Melior est causa
possidentis*, et c'est le défendeur qui, conservant l'a-
vantage de la possession, jouit du droit de pouvoir
mettre la chose en vente.

Pour réussir dans l'action hypothécaire, le demandeur doit prouver que la chose était dans les biens du
constituant au moment où le gage a été établi ; et s'il
agit contre un autre créancier hypothécaire, il doit

tablir en outre qu'il est antérieur ou préférable à ce
réancier.

L'action hypothécaire est arbitraire.

Le défendeur doit être absous s'il ne possédait pas la
hose ; si, l'ayant possédée, il a perdu la possession
ans son dol ni sa faute ; si, possédant la chose,
nais ne pouvant la restituer parce qu'elle n'est pas
)résente, il donne caution de la restituer ; s'il restitue
.a chose, c'est-à-dire s'il remet la possession au créan-
;ier ; enfin, s'il paie la dette.

Le juge n'autorise à donner caution pour être absous
]ue le défendeur de bonne foi qui se trouve dans l'impossibilité de restituer la chose immédiatement, et,
dans ce cas, si la restitution promise n'a pas lieu, le
créancier a contre le défendeur et les cautions l'action
ex stipulatu.

Le défendeur doit être condamné s'il a cessé de
posséder par son dol ou par sa faute, et s'il refuse de
restituer la chose au demandeur.

S'il y a dol, la condamnation sera égale à la valeur
de la chose, d'après le serment *in litem* du demandeur, et s'il y a faute seulement, d'après l'estimation
du juge.

Quant aux fruits dont la restitution est due au créancier, nous avons eu l'occasion précédemment d'indiquer
les règles que les textes semblent consacrer.

Dans le droit des jurisconsultes, le créancier peut
exercer l'action hypothécaire sans être tenu de poursuivre préalablement le débiteur et de le faire condamner ; Justinien a introduit, en faveur du tiers dé-

tenteur, le bénéfice de discussion, d'après lequel il faut d'abord actionner le débiteur personnel : c'est le *beneficium discussionis personale*.

Avant Justinien, il existait un bénéfice de discussion d'une autre nature, applicable seulement à certains cas particuliers : c'était le *beneficium discussionis reale*. Ainsi, lorsque le créancier avait une hypothèque générale et des hypothèques spéciales, le tiers détenteur des biens affectés seulement de l'hypothèque générale pouvait exiger que l'on exerçât d'abord l'action sur les biens spécialement engagés.

SECTION III. — DU DROIT DU CRÉANCIER DE FAIRE VENDRE LA CHOSE POUR SE PAYER SUR LE PRIX.

Le but final du gage ou de l'hypothèque, le droit principal du créancier est, il semble, de vendre la chose engagée s'il n'est pas payé de ce qui lui est dû.

Dans l'ancien droit, c'est-à-dire dans la *mancipatio* avec contrat de *fiducie*, le créancier rendu propriétaire était cependant tenu de ne pas vendre le gage à moins que sa créance devenue exigible n'eût pas été acquittée, et il devait auparavant avertir le débiteur en lui dénonçant trois fois son intention de vendre le gage.

Au cas de *pignus*, le pouvoir de vendre était l'objet d'une convention particulière, qui ayant fini par devenir constante dans ce contrat, fut plus tard considérée comme sous-entendue. On pouvait convenir dans le principe que le créancier n'aurait pas le pouvoir de vendre ; mais par la suite, cette clause fut considérée

omme nulle, parce qu'elle enlevait au gage sa plus
rande efficacité, et semblait trop contraire à la né-
essité d'assurer le paiement de la créance. A l'in-
erse, on avait validé d'abord la convention par la-
uelle le créancier non payé deviendrait propriétaire
u gage. Mais cette convention, nommée *lex commis-
oria*, fut défendue par Constantin.

Le pouvoir de vendre vient du contrat de gage ou
l'hypothèque, et il est un des avantages attachés au
lroit réel hypothécaire. Or, ce droit restant au créan-
ier ce qu'il a été à son origine, malgré les aliénations
[ue le propriétaire a ultérieurement consenties, il en
'ésulte que le créancier a le pouvoir de vendre la chose
iliénée, comme si la chose n'avait pas cessé d'être à son
lébiteur; celui-ci n'a pu aliéner que *salvo pignoris jure.*

Nous avons dit que le créancier peut exercer l'action
quasi-servienne pour obtenir la possession de la chose,
et lorsqu'il a cette possession, c'est la chose elle-même
qu'il peut vendre; s'il n'a pas la possession, il a le droit
de céder ses actions à celui qui est l'acquéreur de la
chose, et il constitue ce dernier *procurator in rem suam*,
en sorte que par l'exercice de l'action cédée, celui-ci
obtiendra la chose qu'il aura dès lors à titre d'acquéreur.

Vendre la chose n'est pour le créancier qu'une faculté; il lui appartient donc de choisir l'instant où la
vente lui paraît opportune pour ses intérêts. Est-ce à
dire que le débiteur qui ne peut pas payer sera complétement à sa merci et se trouvera privé de la faculté
de vendre lui-même, si une occasion se présente? Il

a un grand intérêt à conserver ce droit de vendre
puisque c'est à lui que l'excédant du prix doit appartenir. Son droit de vendre est incontestable ; l'exécution seule de la vente pourrait rencontrer un obstacle
dans l'existence du droit de gage et le refus du créancier. En payant le prix au gagiste et en le désintéressant par ce paiement, on fait disparaître l'intérêt légitime qu'il pouvait avoir à ne pas reconnaître l'aliénation
faite par le débiteur. On admet donc que celui-ci peut le
forcer à exhiber la chose qu'il veut vendre lui-même,
et le contraindre à la livrer quand l'acheteur paiera.

L'exercice du pouvoir de vendre est soumis à certaines conditions.

Nous ne rappelons pas la nécessité des trois dénonciations dont nous avons parlé plus haut. Mais une constitution de Justinien distingue si le pouvoir de vendre
a été expressément accordé par la convention, si la convention est muette, ou s'il a été convenu que le gage
ne serait pas vendu. Dans le premier cas, on admet que
le créancier non payé à l'échéance peut vendre sans
avertir le débiteur ; dans le second, une dénonciation
est nécessaire, mais une seule dénonciation suffit, et il
faut attendre à compter de cette dénonciation un délai
de deux ans pendant lequel le débiteur peut encore
retirer le gage en payant la dette ; dans le troisième
cas, le créancier doit faire trois dénonciations successives afin qu'il soit bien constaté que le débiteur ne
peut pas ou ne veut pas payer et retirer le gage ; dans
ce cas encore, il faut attendre un délai de deux ans
avant de réaliser la vente.

Ce qui concerne l'exercice du pouvoir de vendre le
age exige quelques distinctions. Ainsi, il faut consi-
érer : 1° le créancier ; 2° l'acheteur ; 3· le débiteur qui
 constitué le gage ; 4° le propriétaire de la chose en-
agée, si le constituant n'avait pas le *dominium ;* 5° en-
n les autres créanciers, si la chose a été engagée à
lusieurs.

Le créancier ne peut vendre le gage qu'à défaut de
aiement de la dette devenue exigible, et il résulte de
'indivisibilité du droit hypothécaire que le droit de
ente existe du moment que la créance n'est pas inté-
gralement soldée.

Si le créancier décède laissant plusieurs héritiers,
entre lesquels la créance aura été divisée, le paiement
le la part due à l'un de ces héritiers n'empêchera pas
e droit de vente pour les autres héritiers non payés.

Lorsque la vente a eu lieu après l'exigibilité de la
lette, avec l'accomplissement des formes légales, et en
l'absence de paiement ou d'offres de paiement accom-
pagnées de dépôt par le débiteur, le droit de gage est,
on peut dire, réalisé, et tous les droits de même nature
établis sur la chose en faveur d'autres créanciers dis-
paraissent, comme le droit du créancier vendeur.

Le créancier, en vendant le gage, ne peut rendre
l'acquéreur propriétaire de la chose par un mode du
droit civil, puisqu'il n'a pas le *dominium ex jure quiritium.* C'est par la tradition qu'en livrant la chose à
l'acheteur, il rend ce dernier propriétaire en vertu des
pouvoirs dérivant du contrat de gage, et si le constituant qui les lui a conférés était lui-même propriétaire.

Quant aux obligations personnelles produites par la vente, elles se développent entre le créancier vendeur et le tiers acquéreur; celui-ci doit son prix au créancier avec qui il a contracté, et le créancier vendeur est obligé de faire avoir la chose à l'acheteur selon la convention, ou de lui céder ses actions.

Celui qui vend un gage n'est pas dans la condition ordinaire de tout vendeur, sous ce rapport qu'il n'est pas tenu de l'éviction et qu'il peut conserver le prix, pourvu qu'il ait transmis les actions qui lui appartenaient comme créancier gagiste.

Dans le cas où les conditions ci-dessus indiquées ne se trouvent pas réunies, la vente du gage ne préjudicie ni aux droits du débiteur propriétaire, ni à ceux des autres créanciers auxquels la chose a été engagée.

Le débiteur propriétaire peut retirer le gage en payant la dette tant qu'il n'y a pas eu vente régulière de la chose engagée; malgré la vente irrégulière, il conservera donc ce droit.

Les créanciers hypothécaires postérieurs ont également le droit d'obtenir la possession du gage en payant le premier créancier; ce droit ne sera pas altéré par une vente faite en dehors des conditions légales.

Il peut arriver que ces conditions légales étant en apparence réunies, le gage soit vendu de mauvaise foi et, par exemple, de manière à nuire au débiteur, par le gagiste. On doit alors distinguer si le tiers acquéreur est ou n'est pas complice dela fraude. Dans le premier cas, le débiteur ne peut agir que contre le créancier. Dans le second, et si le créancier est insolvable, il pourra poursuivre le tiers acquéreur et obtenir la restitution de la chose ou des dommages-intérêts, en tenant compte toutefois de la libération de sa dette, dont cet acquéreur en payant son prix l'aurait fait bénéficier.

Nous avons dit que le créancier vendeur, en cédant tous ses droits, accomplit son obligation, et que dès lors il peut garder le prix, malgré l'éviction que subirait l'acheteur, si le constituant n'était pas propriétaire de la chose engagée. Pour tout ce qui excède sa créance, il est comptable envers le constituant, qui a contre lui l'action *pigneratitia directa;* mais celui-ci ne se trouvera-t-il pas tenu envers le tiers acquéreur, dont le prix aura servi à le libérer? Il sera tenu par une action utile.

Si dans la même hypothèse le créancier était tenu, par suite de l'engagement qu'il aurait pris, de restituer le prix à l'acquéreur, le débiteur ne se trouverait pas libéré envers son créancier.

C'est par l'action personnelle pignératitienne que le débiteur peut demander compte au créancier de la manière dont il a vendu le gage, même alors que les conditions légales se trouvaient réunies. Mais ce sujet est en dehors de la matière spéciale qui nous occupe. Disons seulement ici que le prix sert jusqu'à due concurrence à payer le créancier de tout ce qui lui est dû, intérêts et capital.

Le débiteur propriétaire du gage ne peut pas s'en rendre acquéreur.

A l'inverse, le débiteur peut vendre le gage à son créancier.

Le gage peut aussi être vendu à un créancier hypo-thécaire postérieur ; toutefois on considère cette vente comme un moyen pour le créancier postérieur d'ac-quérir plutôt la priorité qui lui manque que la propriété de la chose.

La vente consentie à un garant est regardée égale-ment comme un transport du droit de gage, et le débi-teur conserve la faculté de retirer la chose en rembour-sant son fidéjusseur.

Si le créancier ne trouve pas d'acquéreur du gage, il peut être autorisé par le prince à le retenir à titre de propriété, d'après l'estimation du juge. Justinien or-ganisa certaines formalités pour sauvegarder les inté-rêts du débiteur qui conservait encore pendant deux ans le droit de retirer la chose en payant la dette ; dans l'ancien droit il eût fallu une vente publique, et le dé-biteur n'eût conservé que pendant une année le droit de dégager la chose.

Les développements qui précèdent supposent le gage établi sur une chose corporelle. Les mêmes principes doivent être suivis lorsque la chose engagée est incor-porelle.

Nous avons déjà, en recherchant quelles choses sont susceptibles du droit hypothécaire, exposé les règles relatives à l'engagement de cette espèce de biens. Il faut cependant ici en rappeler quelques conséquences.

S'il s'agit d'un usufruit constitué en gage par le pro-priétaire de la chose assujettie, les fruits perçus depuis la constitution du gage ne deviendront pas, par cette perception, la propriété du créancier gagiste ; mais

celui-ci acquerra sur eux un droit de gage, et par conséquent la faculté de les vendre pour se **payer** de sa
créance.

Il en sera de même au cas où il s'agirait d'un usufruit déjà constitué et hypothéqué par l'usufruitier.
Toutefois le créancier aurait le droit de vendre la chose,
et, nous nous contentons de le rappeler ici, il exercerait ce droit en forçant le titulaire de l'usufruit à céder
à l'acheteur non pas le droit d'usufruit lui-même, mais
l'exercice de ce droit.

Quant aux servitudes réelles (les servitudes rurales,
bien entendu, qui sont seules susceptibles du droit hypothécaire), l'exercice du droit de vendre, reconnu au
profit du créancier gagiste, aura lieu à peu près de la
même manière. La servitude ne pourrait être établie
par le créancier, auquel en réalité, elle ne peut appartenir ; elle serait constituée comme servitude véritable
seulement dans la personne de l'acheteur, et à la condition, nous l'avons vu, qu'il ait un fonds voisin.

Le gage d'un fonds emphytéotique ou superficiaire
donne au créancier gagiste le droit de vendre l'emphytéose ou la superficie; mais nous savons qu'il faut appliquer ici l'adage : *Nemo plus juris ni alium transferre
potest quam ipse habet,* et décider en conséquence que
l'aliénation ne peut avoir lieu que dans les limites
mêmes apposées à l'existence des droits engagés.

Nous avons déjà dit qu'il faut appliquer le même **principe** lorsqu'une chose engagée a été donnée en **gage**
par le créancier. La mesure des droits **du premier**
créancier gagiste sera aussi la mesure des droits de

son propre créancier, le sous-gagiste. De là il suit que le droit de celui-ci sur la chose ne peut dépasser le montant de la créance de son débiteur, et qu'il ne pourra procéder à l'aliénation du gage que lorsque les deux créances seront échues.

Quand l'objet du droit hypothécaire est une créance, nous avons vu comment le créancier gagiste pouvait exercer son droit en actionnant le débiteur de son propre débiteur, et, au cas où il obtiendrait ainsi le paiement de la créance engagée, quelles garanties on lui accordait. Il peut encore obtenir son paiement en vendant l'objet engagé, c'est-à-dire ici en vendant la créance hypothéquée à son profit, et dans ce cas, nous dit la loi 7, au code *De hered. vel act. vendit.*, l'acheteur aura une action utile pour en exiger le montant.

C'est au créancier le premier en ordre que le droit de vendre appartient, comme aussi le droit de se payer d'abord sur le prix. Ceci nous amène à parler du concours des créanciers entre eux.

SECTION IV. — DU RANG ET DE L'ORDRE DES CRÉANCIERS HYPOTHÉCAIRES.

Quand il y a plusieurs créanciers hypothécaires, il est très-important de savoir dans quel rang et dans quel ordre ils viendront :

1° Pour savoir quel est celui qui pourra diriger la vente ;

2° Pour savoir quel est celui qui sera payé le premier, laissant l'excédant, s'il y en a, à ceux qui viennent après lui.

Les causes de préférence sont : la priorité du temps, la nature de la créance et la nature du titre.

1° — *Antériorité du temps*. Elle ne s'applique pas au gage prétorien ; tous les envoyés en possession des biens d'un débiteur, quoique à des dates différentes, concourent entre eux ; mais, s'il y avait une hypothèque consentie par le débiteur antérieurement à l'envoi en possession, elle serait préférable.

Pour les hypothèques conventionnelles, il est fort important de déterminer l'époque où le droit hypothécaire doit commencer, puisque celles qui seront préférées seront précisément celles qui les premières auront produit le droit de préférence.

A cet égard, il s'est élevé de nombreuses controverses, qui aujourd'hui encore divisent les auteurs.

Nous croyons cependant que l'on peut établir les règles suivantes :

1° En général, et lorsque aucune condition et aucun terme ne sont apposés au droit, il commence de l'instant même de la convention, et, même dans le *pignus*, il est indépendant de la tradition, qui n'est pas nécessaire à la naissance du droit réel.

2° S'il y a condition ou terme incertain mis à l'existence du droit, l'exercice en sera retardé jusqu'au moment de l'arrivée du terme ou de la condition ; toutefois, si la condition était telle que son accomplissement ne dépendît nullement de la volonté du débiteur, il y aurait, pour l'effet du droit, rétroactivité au jour même de sa constitution.

3° Lorsque le débiteur a hypothéqué la chose d'au-

trui sous la condition : *Si in dominium meum pervenerit,*
le moment de la naissance de l'hypothèque ne pourra
être que celui de l'acquisition de la chose.

Lorsque la chose hypothéquée était due au constituant, deux opinions sont en présence pour déterminer
le moment où le droit hypothécaire commencera. Les
uns veulent que l'existence du droit date de la convention. La raison qu'ils en donnent, c'est qu'il y a
déjà quelque chose d'actuel, la créance, et que c'est là
ce qui a été hypothéqué ; et le droit de gage, qui frap-
pait sur la créance, frappe sur la chose après le paiement. D'autres pensent que jamais le droit ne peut
commencer avant l'acquisition de la chose, et qu'en
conséquence les créanciers concourent. Nous inclinerions vers la première solution.

Si nous supposons deux hypothèques générales ou
une hypothèque générale et une hypothèque spéciale
de tel bien, pour le cas où le débiteur viendrait à l'acquérir, ce qui s'est en effet réalisé, que faudra-t-il décider ? La difficulté s'accroît du désaccord des textes qui
semblent prévoir et résoudre cette question. D'une
part, en effet, la loi 7, § 1, D du titre, *qui potior* semble
se décider pour le concours, tandis que les lois 9,
§ 3 et 21 pr. *eod tit.*, et 28 *D. de jure fisci*, que
nous croyons conciliables malgré leur antinomie ap-
parente, semblent autoriser l'application de la règle :
Prior tempore potior jure.

Nous croyons qu'il faut en définitive se rallier à
la dernière opinion. L'objection qui consiste à dire
que l'hypothèque, droit réel, ne peut précéder l'ac-

quisition faite par le débiteur ne nous touche pas, car il serait impossible de faire jamais rétroagir le droit de gage au moment de la convention, même quand il s'agirait d'une condition indépendante du caprice du débiteur, ce que l'on ne saurait admettre. Dire qu'ici la condition dépend précisément de la volonté de ce débiteur nous semble une extension singulière de ce principe, car c'est interdire alors toute acquisition au débiteur. Nous puiserions même dans cette idée un argument en faveur du système que nous croyons devoir adopter ; en effet, la raison de ce principe est que l'on veut empêcher le débiteur, et cela est souverainement juste, de créer ou d'anéantir à son gré des droits réels, et, par là de porter par pur caprice atteinte à une situation qu'il a consentie. Or, cela nous conduit à dire qu'il a dû être dans l'esprit de la législation romaine, comme de toute autre, de refuser au débiteur le pouvoir d'affecter désormais le même gage à un autre, si ce n'est à la charge de respecter les droits qu'il a déjà concédés.

2° *Nature de la créance.* — Elle donne lieu au privilége. Il y avait à Rome parmi les créanciers chirographaires des privilégiés, mais ils ne venaient jamais qu'après les créanciers hypothécaires ; parmi ces derniers, il y en avait aussi qui primaient les autres, non par l'antériorité du temps, mais par la faveur attachée à leur créance.

Voici donc l'ordre des créanciers :

1° Hypothèques privilégiées ;

2° Hypothèques non privilégiées ;

3° Créanciers chirographaires privilégiés (*privilegia inter personales actiones*);

4° Chirographaires non privilégiés.

Les hypothèques privilégiées ne datent que du droit des constitutions impériales. tandis que les priviléges sont du droit ancien.

3° *La nature du titre*.—Si l'hypothèque est constatée par un *instrumentum publicum ou quasi-publicum*, elle sera préférée.

L'*instrumentum publicum*, c'est un acte reçu par un officier public, un décurion ou un tabellion ; l'*instrumentum quasi-publicum*, c'est un écrit dressé par un particulier et signé par trois témoins. La raison de préférence ici, c'est que les actes seulement privés constatant l'hypothèque peuvent avoir été antidatés.

Entre eux, les *instrumenta publica* sont rangés d'après leur date comme les *instrumenta privata*, sauf la fraude prouvée.

Les hypothèques privilégiées sont quelquefois des hypothèques tacites ; elles peuvent cependant être conventionnelles.

Voici quels sont, d'après l'ordre chronologique, les créanciers hypothécaires privilégiés :

1° Le créancier qui a prêté l'argent pour acquérir la chose est préféré sur cette chose à tous les autres créanciers de l'acheteur. Ceux-ci ne peuvent se plaindre, car le prêteur leur dira : Sans moi, cette chose ne serait pas dans les biens du débiteur, et n'aurait pu être donnée en gage.

Celui qui a prêté de l'argent pour construire une

maison a une hypothèque tacite privilégiée ; de même celui qui a prêté de l'argent pour conserver le gage, le réparer. Toutefois celui qui fournit de l'argent pour acheter ou réparer une chose, a besoin d'une convention pour avoir hypothèque ; mais une fois que la convention existe, que l'hypothèque est constituée, elle est de droit privilégiée.

2° Le fisc a une hypothèque privilégiée sur les biens des administrateurs publics. Son hypothèque pour ses créances sur des particuliers, résultant de contrats passés avec les administrateurs du fisc, ne prime pas les créanciers antérieurs.

3° D'après une constitution de Justinien, la femme a pour ses créances dotales une hypothèque privilégiée sur tous les biens du mari, y compris les biens dotaux, qui sont biens du mari jusqu'à la dissolution du mariage. L'hypothèque de la femme vient avant tous les créanciers antérieurs, privilége exorbitant et qui donne au mari le moyen de frauder ses créanciers en constituant sa femme créancière fictive. Les créanciers du mari n'avaient aucun moyen de conjurer ce danger.

La créance dotale passe aux héritiers de la femme avec l'hypothèque privilégiée, quand ces héritiers sont les enfants de cette femme ; si ce sont d'autres héritiers, ils auront l'hypothèque, mais sans privilége.

Ces hypothèques que nous venons d'énumérer concourent-elles ensemble, ou quel est le rang de chacune ?

Voici sur ce point le système généralement suivi :

1° Le fisc, pour les impôts ou pour les créances sur les officiers publics.

2° La femme et ses descendants pour l'hypothèque dotale ; si le débiteur a eu plusieurs femmes, les priviléges se règlent par le temps.

3° Ceux qui ont prêté de l'argent pour acquérir, réparer, reconstruire la chose ; s'il y en a plusieurs, le plus récent est préféré, car c'est lui qui a conservé le gage des autres.

Le créancier postérieur a le droit de prendre la place du créancier antérieur, même malgré celui-ci, en lui offrant de le payer. C'est le *jus offerendæ pecuniæ*. A défaut d'offre agréée, le dépôt suffit. Mais le créancier postérieur ne prend le rang du créancier antérieur que dans la proportion de ce qu'il paie ; pour le surplus, il vient à son rang vis-à-vis du créancier intermédiaire. L'avantage qu'il trouve dans l'exercice du *jus offerendæ pecuniæ*, c'est de ne pouvoir être dépossédé, d'exercer l'action hypothécaire, de diriger la vente, de choisir le moment, afin que la chose soit vendue à sa valeur réelle.

Il y a d'autres cas dans lesquels un créancier postérieur ou même un tiers peut prendre la place d'un premier créancier : ainsi par un paiement fait au créancier à la condition qu'il cédera les sûretés attachées à sa créance, ou encore un prêt fait au débiteur pour payer le créancier premier en rang, à la condition que le débiteur mettra le prêteur à la place du créancier. Mais, dans ces cas, il faut le consentement soit du créancier, soit du débiteur. Le *jus offerendæ pecuniæ* s'exerce au contraire indépendamment de ces volontés ; il appartient aux créanciers postérieurs ou aux fidéjusseurs, et le premier créancier ne pouvait le leur enlever même en achetant du débiteur la chose hypothéquée.

Il y a plus, le premier créancier lui-même pouvait prétendre au *jus offerendæ pecuniæ*, et les sentences de Paul nous fournissent un texte qui, prévoyant le cas où le premier créancier voudrait prendre la place d'un créancier postérieur en le désintéressant, lui en accorde le droit. Mais quel intérêt peut-il y trouver? On peut supposer, par exemple, qu'il a assisté à la convention qui créait le droit d'hypothèque postérieur, et qu'il craint par conséquent, comme nous aurons bientôt l'occasion de le voir, que l'on argumente de sa présence pour prétendre qu'il a tacitement renoncé à son droit hypothécaire.

CHAPITRE IV

Extinction du Droit de Gage ou d'Hypothèque.

Trois éléments sont, nous l'avons vu, nécessaires à l'existence du droit de gage ou d'hypothèque :

1° Une obligation principale dont le gage garantit l'exécution ;

2° Une chose, objet du droit hypothécaire ;

3° Un contrat ou une convention, c'est-à-dire l'accord des volontés de deux parties capables de consentir ou de recevoir le gage.

Quand ces trois conditions essentielles se rencontrent, le droit hypothécaire existe ; donc, si l'une d'elles vient à disparaître, le droit de gage doit, en principe du moins, s'évanouir.

De là trois causes d'extinction du droit de gage ou d'hypothèque, qui vont être l'objet de trois sections successives ; mais, avant d'entrer dans l'examen de ces trois causes d'extinction, il nous faut énumérer d'abord quelques causes particulières qui ne sauraient s'y rattacher, et rappeler certains cas, que nous avons déjà signalés, où le droit hypothécaire s'éteint en vertu de causes spéciales et exceptionnelles.

La première de ces causes est l'exercice même du droit hypothécaire, et cet exercice, nous le savons, consiste principalement dans la faculté, pour le créancier, de vendre la chose engagée et de se faire payer sur le prix. Lors que le créancier hypothécaire, ou le plus ancien, s'il y en a plusieurs, aliène régulièrement la chose hypothéquée, son droit et le droit de tous les créanciers postérieurs s'éteignent. Nous ne reviendrons pas ici sur ce point que nous avons exposé plus haut.

En règle générale, le mauvais usage ou l'abus de la chose engagée n'est pas une cause d'extinction du droit hypothécaire. Toutefois, à cette règle, la loi 24, § 3, D., *de pign. act.*, apporte une exception : c'est au cas où le créancier aurait forcé un esclave engagé à faire quelque acte illicite, notamment aurait prostitué l'esclave remise à titre de gage.

D'après les constitutions 2 et 3 du Code, *de quadrien. præscript.*, auxquelles nous renvoie le § 14 du titre *de Usucap.* des *Institutes*, il y aurait encore extinction du droit hypothécaire, lorsqu'une chose engagée à un particulier a été vendue de la part du fisc, ou de l'empereur, ou de l'impératrice.

Nous rappellerons ici, pour mémoire, le cas prévu et réglé par la loi 34, pr., D , *de pign et hyp.*, c'est-à-dire celui où l'hypothèque porte sur un fonds de commerce ; nous savons qu'alors les marchandises vendues sont, par le fait même de la vente, soustraites au droit hypothécaire. Nous rappellerons aussi le cas où le créancier qui a obtenu à titre de gage la concession d'une servitude rurale, vend son fonds sans en acquérir un autre dans les mêmes conditions de voisinage.

Le droit hypothécaire s'éteint encore en vertu du titre même de sa constitution, lorsqu'il n'était constitué que pour un temps, et que ce temps est expiré.

Enfin, dans les sections qui vont suivre, nous verrons la prescription atteindre l'hypothèque.

SECTION Ire — EXTINCTION DE L'OBLIGATION PRINCIPALE.

Le droit de gage ou d'hypothèque est, avons-nous dit, un droit accessoire destiné à garantir l'exécution d'une obligation principale ; il suppose donc nécessairement l'existence de cette obligation, et doit disparaître quand elle s'éteint. Cet axiôme de raison est formulé au Digeste dans loi 129 de *reg. jur.*, en ces termes : *Quum principalis causa non consistit, nec ea quidem quæ sequuntur locum obtinent.*

Toutefois, quelque vrai que soit ce principe, il convient d'y faire des restrictions ; autrement il conduirait à des conséquences iniques. Sans doute l'hypothèque est un accessoire de la créance dont elle assure l'exécution ; mais précisément parce qu'elle la fortifie, elle doit, dans certains cas, être considérée comme ayant une existence indépendante, sous peine de devenir une garantie illusoire. Sans doute l'accessoire ne peut survivre au principal, mais à la condition que le principal lui-même disparaisse complétement ; or, l'extinction de la dette, d'après l'un des modes du droit civil, laisse quelquefois subsister un lien d'obligation naturelle, et nous savons que l'existence d'une obligation naturelle suffit à l'existence du droit hypothécaire. D'ailleurs, quel est le but du gage ou de l'hypothèque ? C'est d'assurer au créancier l'exécution de sa créance ou de lui en procurer un équivalent; tant que ce but n'est pas réellement atteint, l'obligation principale fût-elle éteinte, pouvons-nous dire que la garantie doit elle-même disparaître? Nous le pouvons d'autant moins qu'elle sera précisément alors plus nécessaire au créancier. Frappés de ces idées, les jurisconsultes séparaient, autant que possible, l'existence de la créance et celle de l'hypothèque, et la législation prétorienne, qui avait introduit le droit hypothécaire, avait fixé des conditions particulières à son extinction; ces conditions étaient le paiement ou la satisfaction accordée au créancier. Il nous faut donc, sous l'inspiration de ces principes, rappeler brièvement seulement et au point de vue de notre matière, les différents modes d'extinction des obligations en droit romain, pour apprécier leurs effets, et voir dans quels cas ils atteignaient aussi le droit hypothécaire, comme conséquence de l'extinction de la créance principale.

Étudions d'abord le paiement.

ART. 1er. — *Extinction du droit hypothécaire par le paiement de l'obligation.*

Dans son sens le plus général, le mot paiement (*solutio*) indique la rupture du lien qui constitue l'obligation; peu importe la manière dont l'obligation est éteinte, le lien de droit qui enchaînait la volonté des parties est dissous. Dans un sens moins général, bien que large encore, le mot paiement signifie l'extinction de l'obligation, par son exécution même. C'est dans ce dernier sens que nous le prenons ici, avec tous les textes qui exigent, pour l'extinction du droit hypothécaire, le paiement ou la satisfaction : *Solutam esse pecuniam aut eo nomine satisfactum.* (L. 13, § 4, D. *de pign. et hyp.*)

D'après les principes du droit, le paiement peut avoir lieu indépendamment de la volonté du créancier, et même contre cette volonté. Le consentement du créancier n'est nécessaire seulement au cas où le débiteur ne voudrait payer qu'une portion de la chose due; mais alors l'hypothèque subsiste pour ce qui reste dû.

De même, le gage affecté au paiement des intérêts ou même de la peine convenue, ne pourrait être libéré avant leur entier acquittement (1).

Enfin, la loi 6 du Code, *de pign. et hyp.*, ajoute à la somme totale de la dette les impenses nécessaires faites par le créancier qui possède la chose engagée.

Un autre principe de la matière, est que le paiement peut être fait, en général, soit par le débiteur, soit par tout autre, au nom du débiteur; dans ce dernier cas, fût-il fait même à l'insu ou contre le gré du débiteur, il le libère cependant en éteignant la dette; avec l'obligation disparaît donc le droit hypothécaire, si bien que le tiers qui aurait ainsi payé, n'aurait pas l'action servienne utile. Seulement, s'il possédait la chose libérée par lui du droit hypothécaire, il opposerait à l'action intentée par le propriétaire exigeant la remise de l'objet libéré, l'exception de dol ; autrement celui dont il a fait l'affaire s'enrichirait à ses dépens.

(1) L. xiii, § 6, D., de pign. et hyp.

Toutefois, on le comprend, il convient d'examiner l'opération faite par ce tiers et le créancier : car, si au lieu d'un paiement, c'était la vente et l'achat de la créance, si l'argent était compté, non pas à l'acquit du débiteur, mais comme prix du droit du créancier, les obligations resteraient entières, la dette et l'hypothèque subsisteraient (1).

Du principe énoncé plus haut, que le paiement peut avoir lieu contre la volonté du créancier et éteindre l'obligation contractée, il résulte sans doute que, dans ce cas aussi, le droit hypothécaire disparaîtra avec la créance. Mais, si le créancier ne veut pas recevoir, comment, en fait, vaincre sa résistance? Décidera-t-on que l'offre du paiement suffira, et que du moment où elle sera faite, la créance sera éteinte et le gage libéré? Nullement, car les textes exigent, pour la libération du débiteur, le paiement même. Il faudra que le débiteur ou celui qui paie en son nom ait recours à la justice; il offrira solennellement au créancier la somme, ou, s'il y a eu déjà quelque chose de payé, le reliquat de la somme dû, et en fera le dépôt dans un lieu indiqué par le magistrat ou le juge. Alors la libération sera acquise, car il est de principe certain que si l'obstacle à l'accomplissement de la condition vient de la partie intéressée à ce qu'elle ne s'accomplisse pas, on considère qu'elle est en effet accomplie; et quand l'offre et le dépôt ont été régulièrement faits, le seul obstacle au paiement, condition de la libération, est

______

(1) **L.** i, pr., **D.**, quib. mod. pign. solv.; l. xxi, **C.**, de pign. et hyp.; l. v, § 2, in f., **D.**, quib. mod. pign. solv.

la mauvaise volonté du créancier, qui trouve son intérêt à refuser ce paiement.

L'offre en justice, suivie de la consignation régulière, sera donc assimilée au paiement (1).

Art. 2. — *Extinction du droit hypothécaire par les modes d'extinction de l'obligation autres que le paiement.*

Du moment où nous ne trouvons plus l'exécution même de l'obligation contractée, et où la libération vient non plus de l'accomplissement du fait même, objet de l'obligation, mais de l'accomplissement de tout autre fait, il nous faut, au moins en général, le consentement du créancier, et le mot seul de satisfaction l'indique. C'est là précisément la profonde différence qui sépare la satisfaction du paiement, différence importante à signaler tout d'abord et dont nous trouverons bientôt les conséquences.

La satisfaction peut avoir lieu de deux manières, de plein droit ou au moyen d'une exception.

Elle a lieu de plein droit :

1° Par la *datio in solutum*.

On comprend que la volonté du créancier peut dispenser le débiteur de l'accomplissement rigoureux de l'obligation, et que si le créancier consent à recevoir une autre chose aux lieu et place de celle qu'il peut exiger, il y a là un fait fort analogue au paiement et dont l'effet doit aussi être de libérer entièrement le dé-

(1) L. iii, C., de luit. pign. ; l. xx, C., de pign. et hyp. ; l. vi, §§ 1 et 2, D., quib. mod. pign. solv.

biteur, c'est la *datio in solutum*. Lorsque la dette consiste en une somme d'argent, si le créancier insiste pour être payé et si le débiteur ne peut se procurer de l'argent, il lui est permis d'offrir au créancier ce qu'il a de mieux et de le lui abandonner après une estimation judiciaire. C'est ce que l'on appelle le *beneficium dationis in solutionem* (1).

Dans ces cas, il y a vraiment extinction de la dette principale, et avec elle, par voie de conséquence, extinction du droit hypothécaire qui la garantissait.

2° Par la *novation*.

La novation, mode d'extinction tout aussi général que le paiement, s'en rapproche encore par cette circonstance qu'elle peut, comme lui, intervenir à l'insu et contre le gré du débiteur primitif. Mais, comme elle n'est, en définitive, qu'une satisfaction donnée au créancier, puisqu'elle consiste en la substitution d'un nouvel engagement à l'engagement primitif, le consentement du créancier est toujours nécessaire.

La novation en éteignant l'obligation éteignait par voie de conséquence tous ses accessoires, notamment le gage ou l'hypothèque, et il aurait fallu une réserve formelle pour les rattacher à la nouvelle créance (2).

Du principe que la novation est un mode général d'extinction, c'est-à-dire s'appliquant à toute espèce d'obligation, il faut conclure qu'elle s'étend même aux obligations contractées *in jure* ou *in judicio*, c'est-à-

---

(1) Const. xvi, xvii, C. de solut. et liber.
(2) L. xi, § 1, D., de pign. act. ; l. uni., C., otiam ob chirogr.

dire résultant de la *litis contestatio*, ou de la condamnation. Aussi la loi 1, D., *quib. mod. pign. solv.* nous dit, dans son paragraphe 2, que quand le défenseur d'un absent a fourni la *cautio judicatum solvi*, si postérieurement l'affaire est transférée sur le *dominus litis*, les gages fournis par ce défenseur, et qui garantissent le paiement de la condamnation à intervenir, seront libérés.

Cette dernière hypothèse nous conduit naturellement à parler de l'autre espèce de novation qui s'opérait en droit romain, au moins dans les *judicia legitima*, par l'exercice de l'action.

Appliquerons-nous à cette novation judiciaire les principes exposés plus haut pour la novation conventionnelle ?

L'affirmative semble tout d'abord résulter du principe formulé par la loi 129, D., *de reg. jur.*, que l'accessoire ne peut survivre au principal. Toutefois, ici nous plaçons une première exception à ce principe, exception fondée sur les idées générales déduites au commencement de cette section; il faut, dans ce cas, pour rendre efficace la garantie du droit hypothécaire, séparer l'hypothèque, malgré sa nature de droit accessoire, de l'obligation principale; la législation prétorienne qui l'a introduite a mis deux conditions particulières et spéciales à son extinction. Ces conditions sont le paiement ou la satisfaction donnée au créancier. Or, au cas de novation conventionnelle, s'il n'y a paiement, il y a au moins eu satisfaction. C'est de son plein gré que le créancier a renoncé à l'ancienne créance et à ses accessoires et s'est contenté de la garantie offerte par la nouvelle. Ici, au contraire, il n'y a pas plus satisfaction que paiement : le créancier n'a pas consenti à la novation, il l'a subie; elle a été inévitable pour lui, puisqu'elle était la première conséquence de l'exercice même de son droit. De plus, le danger qu'avait voulu conjurer sa prévoyance est-il écarté? Nullement, car la condamnation, d'où résulte pour lui seulement une créance, ne remédie pas à l'insolvabilité de son débiteur.

Aussi tous les textes sont-ils d'accord pour consacrer ici cette différence dans les effets des deux espèces de novation, et maintenir, au cas de la novation judiciaire, l'hypothèque attachée au droit primitif, malgré les transformations nécessaires subies par ce droit. Ainsi, en agissant contre la personne engagée envers lui, le créancier acquiert une nouvelle créance dont la sanction est l'action *judicati*, qui peut croître au double; il conserve néanmoins, et malgré l'extinction de la créance primitive, son droit hypothécaire, car il n'a pas été satisfait. Il y a plus : en agissant contre le défenseur d'un absent, si nous supposons qu'au lieu d'être, comme dans une espèce précédente, remplacé pendant le cours de l'instance par le *dominus litis*, et libéré par une novation résultant du changement de personnes, ce défenseur a été condamné par le juge, le créancier acquiert encore, par cette condamnation, une nouvelle créance, et pour sûreté de son exécution, outre l'action *judicati*, la caution fournie par le défenseur; il conserve néanmoins son droit hypothécaire contre son débiteur, car ici encore il est vrai de dire qu'il n'a pas été satisfait (1).

3° Par la *confusion*.

La confusion, c'est-à-dire la réunion sur une même tête des qualités contraires de débiteur et de créancier, était aussi un mode d'extinction des obligations reconnu par le droit civil. On comprend en effet que, du moment où la personne chargée du paiement de la dette est précisément celle qui doit profiter de ce paiement, tout intérêt disparaît et l'obligation doit s'éteindre.

Toutefois, il est possible, en appliquant cette doctrine avec rigueur, d'arriver à des résultats iniques. Supposons, par exemple, que le créancier est institué héritier par son débiteur, mais à la charge par lui de restituer l'hérédité à un tiers. Cet héritier fiduciaire refuse de faire l'adition, et y est contraint par l'ordre du préteur, en vertu du sc. pégasien. D'après les principes, l'adition lui fait perdre son droit de créance, parce qu'il y a confusion. Si l'extinction de l'obligation principale entraînait ici l'extinction de l'hypothèque, ce créancier n'aurait aucun recours: car, puisqu'il a fait adition sur l'ordre du préteur, il ne peut rien retenir de l'hérédité. Sa prévoyance aurait donc été inutile, puisque la garantie exigée par lui deviendrait inutile.

Pour éviter ces conséquences de la rigueur des principes, les jurisconsultes romains faisaient ici encore l'application de la règle énoncée plus haut : l'extinction de l'hypothèque étant soumise à des conditions parti-

(1) L. xiii, § 4, D., de pign. et hyp.; l. xi, pr. et § 1, D., de pign. act.; l. xxix, D., de novat.

culières, le paiement ou la satisfaction du créancier, l'hypothèque devait subsister ici : car il n'y avait eu ni paiement, ni satisfaction. Ils admettaient donc en ce cas la persistance d'une obligation naturelle, suffisante à l'existence du gage, et efficace, puisque le créancier pouvait la faire valoir au moyen de l'action hypothécaire (1).

Il semblerait naturel d'assimiler sous tous leurs rapports les deux espèces de garantie reconnues par le droit romain : la fidéjussion et l'hypothèque. Telle n'était pas cependant, au moins quant aux effets de la confusion, la doctrine romaine. Ainsi, quand une personne s'était portée fidéjusseur pour un débiteur, si ce fidéjusseur devenait héritier du débiteur, ou réciproquement si le débiteur devenait son héritier, l'obligation résultant de la fidéjussion disparaissait en vertu du principe que nul ne peut se servir à lui-même de caution. Mais si ce fidéjusseur avait consenti une hypothèque pour sûreté de son obligation, l'hypothèque survivait à la confusion ; si, au contraire, au lieu d'une hypothèque, ce fidéjusseur eût fourni un sous-fidéjusseur, le créancier n'eût conservé que le recours résultant pour lui de la créance principale, et perdu avec la garantie de la fidéjussion la garantie même du sous-fidéjusseur (2).

4º Par *donation*.

Si le créancier a fait donation de la dette à son débiteur, la dette est éteinte d'après le droit civil, et avec

____

(1) L. LIX, § 2, D., ad sc. Trebell.
(2) L. XXXVIII, § 5, D., de solut.

elle l'hypothèque qui la garantissait. La nullité même. de la donation n'empêcherait pas la libération de l'hypothèque, car la donation vaudrait au moins comme volonté de dénouer le lien hypothécaire, et nous verrons plus loin que la volonté seule du créancier suffit en effet pour obtenir ce résultat.

5° Par la *compensation*.

Si l'une des obligations éteintes était garantie par un droit de gage ou d'hypothèque, ce droit accessoire périrait-il avec la créance principale par l'effet de la compensation? A cette question, la loi 4 D., *qui pot. in pign.*, répond affirmativement en ajoutant que peu importe qu'il y ait eu paiement ou compensation.

6° Par la *remise de la dette*.

Jusqu'à présent, dans les cas que nous avons parcourus, le créancier, s'il n'a reçu le paiement de sa créance, a du moins été désintéressé par un équivalent de ce paiement. Il peut arriver encore qu'il n'ait rien reçu, et que cependant la créance soit éteinte. et cela soit de plein droit, soit au moyen d'une exception.

Le principe du droit romain sur cette matière nous est donné par la loi 35 D., *de reg. jur.*, en ces termes : *Nihil tam naturale est quam eo genere quidquid dissolvere quo colligatum est.*

Des quatre modes de libération qui devaient, dans l'origine, correspondre aux quatre formes de contrat reconnues par le droit civil, Justinien ne nous en a conservé que deux. Le premier, correspondant aux obligations formées *verbis*, consistait, comme elles, dans une interrogation et dans une réponse solennelles.

C'était le débiteur qui interrogeait, et il demandait au créancier, non pas s'il consentait à la remise de la dette, mais s'il tenait la chose pour reçue. C'est l'acceptilation, paiement imaginaire, qui produit tous les effets d'un paiement réel. Il y avait donc ici extinction de l'obligation principale, et avec elle extinction du droit hypothécaire qui la garantissait, absolument comme s'il y avait eu paiement; et si l'acceptilation s'appliquait exclusivement aux obligations verbales, elle pouvait toujours être une remise indirecte de la dette, puisque toutes les obligations étaient susceptibles d'être novées et remplacées par une stipulation.

Le second correspond aux obligations que le consentement suffit à former; la volonté seule des parties a fait naître l'obligation, leur volonté contraire suffit à l'éteindre. Mais ce mode de libération suppose que les choses sont restées entières. En effet, s'il y avait eu exécution, l'obligation serait éteinte, mais par le paiement; et s'il y avait eu seulement un commencement d'exécution, il serait impossible, à moins d'un nouveau contrat, d'empêcher ce qui a eu lieu d'avoir existé, de revenir sur les faits accomplis.

Dans ce dernier cas encore, il y a extinction complète de l'obligation principale et de son accessoire.

L'extinction de l'obligation principale peut encore résulter de l'existence au profit du débiteur d'une exception qui paralyse l'action du créancier. Le principe sur ce point est ainsi exprimé par la loi 112, **D.** *de reg. jur.* : *Nihil interest ipso jure quis actionem non habeat, an per exceptionem infirmetur.*

Nos textes nous donnent trois applications de ce principe à notre matière, c'est-à dire trois cas dans lesquels l'obligation principale, éteinte par voie d'exception, entraîne l'extinction du droit hypothécaire qui la garantissait.

1° Le premier cas est celui du *pacte* de remise de la dette. Dans ce cas on aurait pu croire que ce pacte étant personnel, le débiteur seul pouvait se prévaloir de l'exception qu'il fait naître; mais le jurisconsulte Marcien, qui examine cette hypothèse dans la loi 5. § 1 de notre titre, déclare que le pacte est *in rem,* c'est-à-dire que l'exception qui en résulte peut être invoquée, non-seulement par le débiteur, mais encore par tout possesseur de l'objet engagé.

2° Le second cas est celui où le créancier ayant déféré le serment au débiteur, celui-ci jure qu'il ne doit rien. Nous rappellerons seulement ici que le serment offre une grande analogie avec le pacte, car il suppose entre les parties le pacte conditionnel que le créancier n'exigera rien si le débiteur jure ne rien devoir. Cependant il existe ici une exception spéciale, dite *juris jurandi,* qui produit d'ailleurs dans notre matière les mêmes effets que l'exception *pacti conventi,* et éteint avec l'obligation principale le droit hypothécaire (1).

La même règle doit être étendue aux exceptions *de dolo, quod metus causa, non numeratæ pecuniæ.*

3° Enfin, le troisième cas est celui où le débiteur peut invoquer l'exception de la chose jugée. Quand

(1) L. v, § 1, l. xiii, D., quis. mod. pign. solv.

bien même, nous dit la loi 13 de notre titre, le juge aurait injustement absous le débiteur, le gage n'en sera pas moins libéré. Malgré les doutes soulevés contre cette décision par la loi 60, D., *de cond. indeb.*, qui semble, en effet, consacrer le principe contraire en reconnaissant l'existence d'une obligation naturelle à la charge du débiteur injustement absous, il nous semble impossible d'échapper aux termes précis et formels de notre texte ; ce n'est pas d'ailleurs le seul où les jurisconsultes romains assimilent la chose jugée au serment, et, de plus, il nous semble impossible que le créancier puisse prétendre à l'exécution de sa créance sur l'objet engagé au moyen de l'action hypothécaire sans attaquer l'autorité de la chose jugée.

Toutefois, et de même que l'hypothèque subsiste dans certains cas malgré l'extinction de plein droit de l'obligation principale, de même ici, où le débiteur se défend au moyen d'une exception, nous rencontrons encore des applications de la règle formulée dans la loi 14, § 1, D., *de Pign. et Hyp.*, en ces termes : « *Ex* « *quibus casibus naturalis obligatio consistit, pignus* « *perseverare constitit.* »

Le créancier peut avoir succombé dans son action personnelle :

1º Parce qu'il y a plus pétition dans la formule ;

2• Parce qu'il a laissé écouler les délais accordés pour obtenir une condamnation en vertu de la formule délivrée ;

3º Parce qu'il n'a demandé de formule que pour partie seulement de sa dette, et que postérieurement, mais pendant la même préture, il a agi pour le reliquat, et a été repoussé par l'exception *litis dividuæ*;

4° Ou bien, et c'est le cas où s'applique l'*exceptio litis residuæ*, parce qu'ayant plusieurs affaires contre le même débiteur, il n'a intenté l'action que pour une seule, et, pendant la même préture, demandé une formule pour les autres.

Dans tous ces cas, si, avec son action personnelle, le créancier perdait l'action qui résulte pour lui de son droit hypothécaire, il serait sans aucun recours contre son débiteur. Cependant il est vrai de dire qu'il n'a été ni payé, ni satisfait. Aussi reconnaissait-on la persistance du droit hypothécaire et de l'action servienne.

Il peut encore arriver que le créancier ait succombé pour n'avoir pas demandé la formule dans le délai fixé ; certaines actions en effet, même parmi les actions civiles, étaient temporaires, en ce sens que celui qui y avait droit avait un certain délai pour les intenter, passé lequel elles lui étaient refusées, ou ne pouvaient amener la condamnation du défendeur. Que faudra-t-il décider, si la créance éteinte *tempore* était garantie par un gage ou une hypothèque ? Les Romains reconnaissaient-ils dans ce cas la persistance d'une obligation naturelle ? Cette question est encore débattue, malgré les textes qui refusent en pareil cas l'application de la plupart des effets principaux de l'obligation naturelle. Quoi qu'il en soit à cet égard, et pour nous en tenir à ce qui concerne le droit hypothécaire, les Romains décidaient qu'il n'y avait eu ni paiement, ni satisfaction, et laissaient en conséquence le débiteur ou son héritier toujours exposé à l'action servienne. Plus tard, une constitution de Justin (l. 7 c.., *de præscrip. 30 vel. 40 ann.*) décida que le gage serait libéré, entre les mains du débiteur ou de ses héritiers, par une prescription de quarante ans.

Observons, en terminant cette section, que dans les cas où le créancier obtient la restitution contre l'extinction de sa créance, le droit de gage qui la garantissait reprend en même temps sa force. C'est ce que nous dit notamment la loi 10 § 1, D., *quod metus causa.*

SECTION II. — PERTE DE LA CHOSE ENGAGÉE; EXTINCTION DU DROIT DU CONSTITUANT.

La seconde condition de l'existence du droit de gage ou d'hypothèque est l'existence d'une chose objet du droit.

De là il suit que, si la chose engagée vient à périr, le droit, n'ayant plus d'objet, doit lui-même disparaître. Observons seulement qu'en vertu des principes qui le régissent, le droit hypothécaire ne disparaîtra complétement, qu'à la condition que la chose affectée périsse complétement elle-même; autrement, s'il y avait seulement perte partielle, il subsisterait nécessairement sur ce qui resterait de la chose, et, en vertu de sa nature de droit indivisible, pour la totalité de la créance qu'il garantit.

Si, au lieu de perte matérielle, il y avait transformation de la chose engagée, le principe est que le droit de gage, frappant la chose elle-même et non la forme dont elle est revêtue, subsiste tant que sous la transformation nouvelle il est possible de retrouver et de reconnaître la chose; il faudrait donc un changement essentiel, et d'où résultât une nouvelle espèce, pour que le droit hypothécaire fût éteint. Aussi, nous nous contentons de le rappeler ici, si la chose hypothéquée est immobilière, son changement aura peu d'influence sur le droit de gage qui l'affecte; dans ce cas, en effet, le gage, portant principalement sur le sol, et accessoirement, en vertu du principe : *Superficies solo cedit*, sur les plantations ou les constructions qui s'y trouvent, pourra bien périr relativement à celles de ces plantations ou constructions qui viendraient à disparaître, mais subsistera toujours sur le sol, et frappera, par voie de conséquence, les constructions ou plantations faites plus tard à la surface. Enfin, dans une hypothèque générale de tous les biens, la transformation subie par les objets frappés du droit hypothécaire ne pourrait non plus avoir de l'influence sur le droit qui les affecte, puisque ce droit porte sur tous les objets composant le patrimoine du débiteur, quelle que soit d'ailleurs la forme par eux revêtue.

La perte de la chose engagée entraîne l'extinction du droit accessoire de gage ou d'hypothèque, sans distinguer si la chose était corporelle ou incorporelle. Aussi la loi 8 pr. de notre titre, qui nous donne cette règle, assimile-t-elle le cas de la perte d'une chose corporelle et celui de l'extinction d'un usufruit.

De même, si le droit réel démembrement de la propriété, sur lequel est assis le droit hypothécaire, devait avoir une durée illimitée, mais assujettissait le débiteur

gagiste à certaines prestations, le défaut d'accomplissement de ces prestations entraînerait l'extinction du
droit engagé, et avec lui l'extinction du droit de gage.
C'est notamment ce qu'enseigne la loi 31 *D.*, *de pign.
et hyp.*, pour le fonds donné en emphytéose sous la
condition que, si la redevance n'était pas payée pendant un certain temps, le fonds retournerait au maître.
Ainsi encore, comme nous le dit la loi 40, § 2, *D.*, *de
pign. act.*, que le droit hypothécaire, constitué sur la chose
hypothéquée par le créancier gagiste au profit d'un sous-
gagiste, s'évanouit dès que, par le paiement de sa dette,
le propriétaire éteint la première créance et l'hypothèque
qui la garantissait.

En nous occupant de la constitution du droit de gage
ou d'hypothèque, nous avons exposé les conséquences
de la règle : *Nemo plus juris in alium tranferre potest
quam ipse habet.* Nous trouvons ici, et au point
de vue de l'extinction de ce même droit de gage ou d'hypothèque, la contre-partie de cette règle dans l'adage
suivant : *Resoluto jure dantis resolvitur jus accipientis.*

Il n'est pas nécessaire d'entrer dans de larges développements, mais nous devons faire remarquer que la
résolution du droit du constituant capable d'entraîner la
résolution du droit concédé est celle qui s'opère en vertu
d'une cause indépendante de la volonté de celui-ci. On
conçoit en effet que le droit hypothécaire, une fois qu'il a
été créé, ne saurait, à moins que de devenir une garantie
illusoire, être livré au caprice du débiteur.

Cette distinction est mise en relief par Ulpien dans
les lois 4, § 3 D., *de quib. mod. pign. solv.*, et 4, § 3, *de*

in diem addict. Le jurisconsulte y suppose une vente *in diem* devant produire immédiatement ses effets, mais à laquelle les parties ont ajouté cette condition résolutoire, que le vendeur aura la faculté de revenir sur la vente si, dans un certain délai, il trouve un meilleur prix. L'acheteur hypothèque la chose, et cette hypothèque est valable, dit Ulpien, car il est propriétaire ; puis la condition résolutoire s'accomplit, et la résolution de la propriété de l'acheteur, provenant du fait du vendeur, entraîne l'extinction de l'hypothèque.

Mais, à la fin de la loi, D. *quib. mod. pign. solv.*, Ulpien, supposant une vente faite sous une condition résolutoire, dont l'accomplissement dépend de la volonté de l'acheteur, décide que la résolution aura bien pour effet d'anéantir la propriété, mais ne pourra pas entraîner, par voie de conséquence, la résolution des droits hypothécaires que l'acheteur aurait consentis. La même solution se retrouve encore dans le *principium* de la loi suivante où, supposant qu'un débiteur dont les biens étaient engagés a rendu, pour un vice rédhibitoire, un esclave qu'il avait acheté, Ulpien déclare que cet esclave restera soumis à l'action servienne, à moins que le créancier n'ait consenti à ce qu'il fût rendu. Le débiteur en effet avait, dans ce dernier cas, l'action *quanti minoris,* et elle lui suffisait pour obtenir une indemnité. S'il a renoncé à son droit de propriété, cette renonciation ne peut nuire à son créancier, car il ne dépend pas de sa volonté d'anéantir le gage.

Complétons, en terminant cette section, les observations présentées déjà relativement à l'usucapion.

Nous avons eu l'occasion de dire que l'usucapion accomplie au profit d'un tiers éteignait le droit de propriété du constituant, mais que la chose demeurait grevée du droit hypothécaire entre les mains de celui qui l'avait usucapée. Telle est en effet la décision formelle de la loi 1, § 2, D., *de pign. et hyp.*, et de la loi 7, au code, *eod. tit.*

Mais la *longi temporis possessio* de dix ou vingt ans conférait au tiers possesseur une exception à l'aide de laquelle il pouvait repousser le droit hypothécaire comme les autres droits réels. Ce même délai de dix ou vingt ans s'appliquait aux meubles et aux immeubles. Justinien, en exigeant pour l'acquisition de la propriété des *immeubles* une possession de dix ou vingt ans comme celle qui était nécessaire pour la *longi temporis prescriptio*, fit perdre à notre distinction beaucoup de son importance. Cependant, malgré l'identité de la règle sur les délais, l'acquisition de la propriété pouvait encore s'accomplir sans que l'hypothèque se trouvât repoussée par la *longi temporis prescriptio*, qui, par exemple, aurait exigé une possession de vingt ans.

Quant au possesseur de mauvaise foi, dans l'ancien droit, aucun délai ne pouvait le mettre à l'abri de l'action hypothécaire. D'après la constitution de Théodose (l. 3 C., *De prescript.*, *30 vel 40 ann.*), il put se couvrir au moyen de l'exception tirée de la possession trentenaire; mais s'il perdait la possession, le créancier pouvait de nouveau intenter son action hypothécaire contre le tiers qui n'avait pas le bénéfice de la longue possession.

Nous avons mentionné plus haut la prescription de

quarante ans, introduite d'abord par Anastase, et étendue par Justin, au cas même où l'objet engagé serait
resté entre les mains du débiteur ou de ses héritiers.

SECTION III. — RENONCIATION DU CRÉANCIER A SON DROIT HYPOTHÉCAIRE.

La troisième condition de l'existence du droit hypothécaire est le concours des volontés du constituant et
du créancier. La volonté des parties pourra-t-elle détruire le droit de gage ou d'hypothèque une fois constitué ?

Le droit hypothécaire, principal effet du contrat ou
de la convention, est constitué à la charge du constituant
et au profit du créancier ; il est donc certain tout d'abord,
et nous avons eu déjà l'occasion de développer ce principe, que la volonté du constituant ne pourra rien pour le
détruire. Mais le créancier au profit de qui ce droit est
établi conserve la faculté de renoncer au bénéfice de ce
droit créé pour lui. Il pourra donc éteindre le droit hypothécaire, par sa renonciation qui sera expresse ou tacite.

Renonciation expresse. — Cette renonciation peut
avoir lieu de deux manières : par le pacte de remise du
gage ou par disposition testamentaire.

Le pacte de remise du gage exige la capacité d'aliéner. Il n'est soumis à aucune forme, et peut être fait par
le créancier, par le *procurator in rem suam* ou par un
simple mandataire ayant un pouvoir spécial.

Lorsque le débiteur a été représenté par un mandataire, l'exception *pacti* appartenant à celui-ci, le débiteur aura l'exception de dol.

Enfin, ce pacte est *in rem*, en ce sens qu'il profite à tous les successeurs du débiteur. Ainsi, le pacte fait avec l'héritier profiterait au fidéicommissaire qui reçoit l'hérédité, en vertu du sénatus-consulte Trébelléien (1).

Si le créancier a légué la chose engagée à son débiteur, le gage est éteint et celui-ci a l'action pour reprendre la chose engagée, même avant le paiement de la dette. (L. 1, § 1, D., *de liber. legat.*)

Renonciation tacite. — La renonciation tacite du créancier à son droit hypothécaire peut résulter de faits très-divers. Il y a dans cette matière surtout des questions d'interprétation d'intention, puisqu'il s'agit de faits desquels on induit le consentement du créancier à abandonner son droit hypothécaire.

Disons quelques mots de l'un de ces faits, du consentement donné par le créancier à la vente de la chose engagée.

On interprétait la présence et le consentement du créancier à la vente de la chose engagée faite par le débiteur, en ce sens que le créancier renonçait à son droit hypothécaire. C'était avec raison ; car s'il avait entendu conserver son droit, sa présence et son consentement auraient été inutiles, le débiteur gardant, avec la propriété, le droit de vendre la chose engagée, *salvo pignoris jure.* Aussi la loi 158, *D. de reg. jur.* nous dit-elle : *Creditor qui permittit rem vœnire, pignus dimittit.*

---

(1) L. vii, § 2 ; l. viii, § 1 et 2, D., *quib. mod. pign. solv.*

Ce que nous disons de la vente, il faut l'étendre à toute espèce d'aliénation. Ainsi la réunion du gage résulterait du consentement à un échange, à une donation, à une constitution de dot, à un legs, à un affranchissement d'un esclave (1).

Quant à la capacité du créancier qui fait cette remise du gage, nous exigerons qu'il ait la capacité d'aliéner.

Le consentement pourrait être donné, soit avant l'aliénation, soit au moment même du contrat, soit postérieurement et sous forme de ratification.

Il pourrait même résulter d'un fait, par exemple de la signature du créancier apposée à l'acte de vente (2).

Mais il est certain que le gage subsisterait si le créancier déclarait ne consentir à la vente que sous la réserve de son droit.

Pour que la renonciation au gage ait lieu par suite du consentement donné par le créancier à l'aliénation, il faut que cette aliénation soit effectivement consommée ; du reste, cet effet sera censé obtenu, du moment même du contrat d'aliénation ; ainsi, si nous supposons une vente, peu importera que la tradition n'ait pas été faite par le vendeur, ou que l'acheteur ne soit pas prêt à payer le prix (3).

Si le contrat est annulé, le consentement ne vaudra pas, et le droit hypothécaire subsistera. Il en serait de même s'il s'agissait d'un contrat simulé, et la simulation

(1) L. 4, § 1, D., l. t.; l. 8, § 11, D., cod. ; l. 1, C. de remiss. pign.
(2) L. 4, § 1, D., l. t.
(3) L. 8, § 6 et 12, l. t.

sera présumée si le débiteur continue à posséder la chose engagée (1).

Si l'aliénation qui suit le consentement donné n'est pas celle que le créancier a permise, qu'arrivera-t-il du droit hypothécaire? Ce sera surtout une question de fait et d'application de volonté; il faut seulement dire qu'en principe, l'aliénation ainsi faite n'éteindra pas le droit hypothécaire (2).

Le créancier qui peut refuser son consentement peut ne l'accorder que sous certaines conditions; ainsi, si nous supposons une vente, il peut exiger qu'elle soit faite à un certain prix ou dans un certain délai. Si le débiteur a vendu pour un prix moindre ou postérieurement à l'expiration du délai fixé, l'aliénation ne pourra faire évanouir le droit hypothécaire du créancier (3).

Pour produire l'extinction du gage, l'aliénation doit aussi être faite par la personne même à laquelle le créancier a accordé la permission. Toutefois, la permission accordée au débiteur serait probablement étendue à son héritier (4).

Lorsque la chose aliénée avec le consentement du créancier fait retour au débiteur, si c'est en vertu de la résolution de la vente, par exemple, les choses étant remises en leur premier état, le droit hypothécaire doit revivre. Mais si la chose engagée revient au débiteur en vertu de toute autre cause, le droit hypothécaire ne

---

(1) L. 4, § 2; l. 8, § 7, D., l. t.
(2) L. 8, § 13, D., l. t.
(3) L. 8, § 14 et 18, D., l. t.
(4) L. 8, § 16 et 17, l. t.

renaît pas, et cela, quand bien même, d'après une décision de Justinien qui mit fin sur ce point à une ancienne controverse, le créancier aurait une hypothèque générale sur tous les biens présents et à venir de son débiteur (1).

Enfin, qu'arrivera-t-il si, la vente ayant eu lieu avec le consentement du créancier, le débiteur trompe l'attente de celui-ci et n'emploie pas à le désintéresser les deniers retirés de la vente? La loi 8 de notre titre, qui dans ses paragraphes 8 et suivants examine cette question, semble se prononcer pour le maintien de l'action hypothécaire au profit du créancier, contre l'acheteur devenu héritier du débiteur, et qui pourrait, par conséquent, prétendre qu'il ne tient pas la chose à titre d'héritier, mais bien comme acheteur et du consentement du créancier. Elle réserve toutefois le cas où cet acheteur aurait lui-même engagé la chose, et accorde alors à ce second créancier l'exception : *Si non voluntate creditoris res vœnit.* Pour plus de sûreté, le créancier qui consent à la vente doit exiger de l'acheteur caution que le prix lui sera payé jusqu'à concurrence de sa créance.

On considérait aussi comme emportant renonciation au droit du créancier sur la chose, le consentement donné par celui-ci à ce qu'elle fût engagée au profit d'un autre créancier. Mais cette renonciation est-elle absolue, ou le créancier consent-il seulement à ce que le second gagiste lui soit préféré? C'était là une question de fait et d'interprétation de volonté (2).

Nous n'insistons pas davantage sur les faits desquels

<hr>

(1) L. 10, D., l. fin. cod. de remiss. pign.
(2) L. 12, § 4, D., qui pot. in pign.

on pouvait induire une renonciation du créancier à son droit hypothécaire, mais, en terminant, nous devons dire quelques mots du cas où le créancier devenait propriétaire de la chose engagée. En principe, le droit hypothécaire devait être éteint suivant la règle *neque pignus rei suæ consistere potest*. L. 45, pr. D. *de reg. jur.* Mais les conséquences de cette règle étaient tempérées par de légitimes considérations d'équité.

Plusieurs hypothèses sont prévues par les textes qui, supposant qu'un créancier a acheté la chose hypothéquée, décident dans certaines circonstances que, malgré la co-existence de la qualité de propriétaire et de celle de créancier sur sa tête, il pourra se prévaloir de son hypothèque contre les autres créanciers.

Ainsi la loi 1, C, *si antiq. cred.* dit que le premier créancier hypothécaire, acheteur de la chose hypothéquée ne pouvait être inquiété par les créanciers postérieurs que si ces derniers lui payaient ce qui lui était dû.

Ainsi encore, la loi 30, § 1 D. de *except. rei jud.* accorde au créancier hypothécaire qui a acheté la chose engagée le droit d'exercer l'action hypothécaire contre les créanciers vis-à-vis desquels il a succombé, lorsqu'il a fait cette acquisition dans l'ignorance d'une première créance hypothécaire qu'il avait du chef de son auteur.

DROIT FRANÇAIS

DE L'HYPOTHÈQUE JUDICIAIRE

(Cod. Nap., art. 2117, 2123, 2161, 2165 ; Loi du 3 septembre 1807).

CHAPITRE Ier

Notions préliminaires.

Après avoir défini l'hypothèque dans l'art. 2114, le législateur, se plaçant au point de vue des causes qui peuvent produire le droit hypothécaire, distingue dans l'art. 2116 les hypothèques en légales, judiciaires ou conventionnelles ; et l'art. 2117 définit chacune de ces espèces particulières : « L'hypothèque légale est celle qui résulte de la loi ; — *l'hypothèque judiciaire est celle qui résulte des jugements ou actes judiciaires* ; — l'hypothèque conventionnelle est celle qui dépend des conventions et de la forme extérieure des actes et des contrats. »

Une section particulière, la section deuxième, s'occupe spécialement des hypothèques judiciaires, et contient seulement l'art. 2123.

Quelle est l'origine de l'hypothèque judiciaire ? quels

en sont les caractères, et quelles considérations peuvent la justifier? comment enfin peut-elle être définie? C'est ce que nous allons essayer d'indiquer d'abord.

Quelques auteurs ont prétendu que notre hypothèque judiciaire a son origine dans le *pignus prætorium* et le *pignus judiciale* des Romains. Cette opinion est-elle exacte ?

Il convient de remarquer d'abord que l'hypothèque judiciaire veut être distinguée des droits que confèrent au créancier les art. 2092, 1166 et 1167 du C. Nap., d'après lesquels : 1° tous les biens d'un débiteur sont le gage commun de ses créanciers, qui viennent entre eux par contribution, à moins qu'ils n'aient des causes légitimes de préférence ; 2° les créanciers peuvent exercer tous les droits et actions de leurs débiteurs, à l'exception de ceux qui sont exclusivement attachés à la personne ; 3° ils peuvent aussi attaquer en leur nom personnel les actes faits par leur débiteur, en fraude de leurs droits.

Elle doit être aussi distinguée des règles sur l'exécution forcée des jugements et des actes, tracées au Code de pr. civ., et qui composent la matière des saisies-arrêts ou oppositions, des saisies-exécution, etc., et de la saisie immobilière.

Or, précisément l'opinion qui s'oppose à celle qui voit dans le *pignus judiciale* l'origine de notre hypothèque judiciaire prétend que ce *pignus* se rapprochaient bien davantage des moyens de contraindre sur les biens à l'exécution des condamnations.

Il nous semble que chacune de ces manières de voir est trop exclusive.

En droit romain comme dans notre législation, la décision judiciaire donne à l'obligation une force, une puissance nouvelle et plus grande, sous ce rapport il y a
entre les principes sinon dans les détails et dans les effets
une analogie réelle.

D'un autre côté, le *pignus judiciale* ne conduisait pas
seulement comme nos saisies à la vente des biens ; il conférait un véritable droit de préférence et par conséquent
il se rapprocherait à cet égard de l'hypothèque judiciaire,
bien qu'il ne résultât pas immédiatement de la condamnation.

Cette remarque fait apparaître une différence marquée
entre les effets des jugements en droit romain et ceux des
jugements en droit français, quant à l'hypothèque et au
pignus prœtorium ou au *pignus judiciale.*

La condamnation n'emporte pas avec elle, dans le droit
romain, une hypothèque tacite sur tous les biens présents
et à venir du débiteur condamné. Or c'est là au contraire
le caractère essentiel de l'hypothèque judiciaire, telle qu'elle
existe dans nos lois, et ce caractère lui vient de règles particulières inconnues dans la législation romaine et établies
par notre ancienne jurisprudence.

Le *pignus prœtorium* ou la *missio in possessionem*
n'établissait pas entre les créanciers de droit de préférence, et formait plutôt un mode d'exécution sur l'ensemble des biens qu'un droit d'hypothèque générale.

Le *pignus judiciale,* accordé aussi par un décret spécial après la sentence non exécutée, s'appliquait à certains
biens, et conduisait à leur vente par l'entremise des
appariteurs. Or, bien qu'il donnât au créancier une sorte

de droit de gage, il n'offrait cependant, au point de vue
qui nous préoccupe en ce moment, rien de semblable
à notre hypothèque judiciaire.

C'est donc, il nous semble, dans la règle admise par
notre ancien droit sur les obligations constatées par actes
devant notaires, qu'il faut chercher l'origine proprement
dite de l'hypothèque judiciaire, telle que nous la con-
naissons.

Etant de principe, en effet, que l'intervention d'un notaire, qui imprimait à l'acte le caractère d'authenticité,
suffisait pour produire une hypothèque générale affectant
tous les biens présents et à venir du débiteur, il était naturel que la même force fût attachée aux obligations qui
auraient été reconnues ou consacrées par l'autorité judiciaire.

Il fut déclaré d'abord, en 1539, par l'ordonnance
de Villers-Cotterets, que les reconnaissances de dette
opérées en justice conféreraient aux créanciers une hypothèque générale.

Plus tard, en 1566, l'ordonnance de Moulins disposa
que : « dès lors et à l'instant de la condamnation donnée
en dernier ressort, et du jour de la prononciation, il
serait acquis à la partie droit d'hypothèque sur les biens
du condamné, pour l'effet et exécution des jugement et
arrêt par lui obtenus. »

La loi du 9 messidor AN III, dont la mise en vigueur
fut successivement retardée, contenait sur l'hypothèque
forcée une section spéciale, comprenant trois articles
ainsi conçus :

Art. 10. Il résulte en faveur du créancier hypothèque

ur les biens présents et à venir de son débiteur, contre
equel il est intervenu soit un jugement de reconnaissance,
l'écrit privé ou de condamnation, soit une sentence ar-
bitrale rendue exécutoire.

Art. 11. Néanmoins, les jugements rendus dans les dix
ours antérieurs à la faillite, banqueroute ou cessation
publique de paiements d'un commerçant, ne sont point
susceptibles d'hypothèque.

Art. 12. Ne sont pareillement susceptibles d'aucune
hypothèque les condamnations obtenues contre l'hérédité
acceptée sous bénéfice d'inventaire, ou le curateur à la
succession vacante.

Dans la loi du 11 brumaire AN VII, on trouve sur notre
matière les dispositions suivantes :

Art. 3. L'hypothèque existe, mais à la charge de
l'inscription : 1° pour une créance consentie par acte
notarié ; 2° *pour celle résultant d'une condamnation
judiciaire; 3° pour celle qui résulte d'un acte privé dont
la signature aura été reconnue ou déclarée telle par un
jugement;* 4° pour celles auxquelles la loi donne le droit
d'hypothèque.

Art. 4. Toute stipulation...... — *L'hypothèque judiciaire ne peut affecter que les biens appartenant au débiteur, lors du jugement.*—......

Art. 5. L'inscription qui sera faite dans les dix jours
avant la faillite, banqueroute ou cessation publique de
paiements d'un débiteur, ne confère point hypothèque.

Telles sont les règles et les dispositions de l'ancienne
jurisprudence ou de la législation intermédiaire qui ont
précédé l'art. 2123 du C. Nap., qui porte : « L'hypothèque

« judiciaire résulte des jugements soit contradictoires,
« soit par défauts, définitifs ou provisoires, en faveur de
« celui qui les a obtenus. Elle résulte aussi des recon-
« naissances ou vérifications faites en jugement des signa-
« tures apposées à un acte obligatoire sous seing privé.
« Elle peut s'exercer sur les immeubles actuels du débi-
« teur, et sur ceux qu'il pourra acquérir, sauf aussi les
« modifications qui seront ci-après exprimées. Les déci-
« sions arbitrales n'emportent hypothèque qu'autant
« qu'elles sont revêtues de l'ordonnance judiciaire d'exé-
« cution.

« L'hypothèque ne peut pareillement résulter des juge-
« ments rendus en pays étrangers, qu'autant qu'ils ont
« été déclarés exécutoires par un tribunal français, sans
« préjudice des dispositions contraires qui peuvent être
« dans les lois politiques ou dans les traités. »

Du texte de l'art. **2123**, nous pouvons aisément faire sortir les caractères généraux des hypothèques judiciaires :

La loi attache aux *jugements* et aux *reconnaissances* ou *vérifications de signatures faites en jugement* la garantie spéciale de l'hypothèque ;

Cette hypothèque est générale et s'étend non-seulement aux biens présents, mais encore aux biens à venir ; mais il faut ajouter que l'hypothèque judiciaire n'est pas dispensée de l'inscription, et qu'aux termes des art. **2161 et suivants**, le débiteur peut, sous certaines conditions, obtenir la réduction des inscriptions prises en vertu de ces hypothèques.

Les principes admis par le C. Nap. en cette matière
)nt été l'objet de critiques ardentes et nombreuses.

On accuse d'abord le législateur de n'être pas resté
l'accord avec lui-même, et l'on dit : L'hypothèque judi-
:iaire avait été dans l'ancien droit une conséquence de la
'ègle qui attachait l'hypothèque générale aux obligations
:onstatées par un notaire ; or, puisque le Code, s'écartant
:n cela du principe accepté par la loi de l'an VII, refusait
aux obligations notariées la force hypothécaire, il aurait
lû ne pas laisser cette puissance aux obligations reconnues ou consacrées en justice.

On ajoute que la distinction par suite de laquelle cet
effet particulier est laissé aux décisions judiciaires, est
contraire à la nature même de ces décisions, du moment
où le droit hypothécaire ne résulte plus de l'authenticité
de l'acte. En effet, les décisions ou les constatations de la
justice sont purement déclaratives de droits ou de faits
préexistants, et il n'est pas naturel que lorsque le droit
d'un créancier est reconnu ou consacré, on donne, à l'occasion de cette reconnaissance ou de cette consécration,
un droit accessoire que ce créancier n'avait pas une hypothèque sur tous les immeubles présents et à venir de
son débiteur.

N'est-ce pas d'ailleurs introduire, dans un système
de crédit qui repose sur la spécialité des hypothèques,
une dérogation par laquelle le principe lui-même se
trouve manifestement compromis ? Dire en effet que l'hypothèque conventionnelle doit toujours être spéciale, et
admettre en même temps qu'il suffit à un créancier porteur d'un acte sous signature privée de faire reconnaître

son titre en justice pour avoir une hypothèque générale, n'est-ce pas établir dans la loi une contradiction évidente?

L'hypothèque judiciaire trouble aussi l'égalité entre les créanciers qui, ayant accepté également la position faite par le droit commun aux obligations chirographaires, devraient venir en concurrence sur tous les biens de leur débiteur. Ce que l'opposition ou saisie-arrêt ne produit pas en faveur du premier saisissant, pourquoi la condamnation judiciaire ou la reconnaissance en justice le produirait-elle sur les immeubles ?

N'est-ce pas aussi une charge nouvelle illégitimement imposée au débiteur ? Le créancier n'était-il pas maître de dicter sa loi au moment du contrat, et puisqu'il n'a pas exigé ou qu'il n'a pas pu obtenir même une hypothèque spéciale, pourquoi lui conférer une hypothèque générale ? On doit craindre que cet appât n'excite des poursuites intempestives, et ne fasse naître dans l'esprit de tous les créanciers chirographaires des appréhensions et des inquiétudes assez vives pour que les avantages du droit hypothécaire deviennent en quelque sorte le prix de la course, et multiplient d'une manière préjudiciable à tous le nombre des procès.

Enfin les hypothèques judiciaires jettent dans le règlement des ordres, des embarras et des difficultés qui compliquent d'une façon tout à fait fâcheuse les procédures de purge et les règlements après saisie.

Ces reproches nous paraissent fort sérieux, et nous sommes peu surpris qu'à plusieurs reprises la question de suppression de l'hypothèque judiciaire ait été mise à l'ordre du jour; qu'en 1841 elle ait été l'objet d'une en-

quête, et qu'en 1850, on l'ait admise en principe dans
dans le projet de loi que l'on élaborait alors.

Les partisans de l'hypothèque judiciaire ont invoqué
cependant pour son maintien des raisons dont ont ne
peut se dissimuler l'importance, et il semble que l'expé-
rience du système de la suppression, fait depuis quelques
années en Belgique, est de nature à diminuer les regrets
que cette suppression n'ait pas été également décrétée
en France.

Pourquoi, en effet, dans les conventions les plus nombreuses et qu'il importe essentiellement de ne pas com-
promettre, les créanciers se montrent-ils faciles à suivre
la foi du débiteur et à accepter la condition ordinaire
faite par le droit commun ?

N'est-ce pas précisément parce que la loi leur donne à
l'avance cette garantie que, si leur confiance est trompée,
leur droit sera protégé, après la condamnation qu'ils
devront obtenir, de la manière la plus énergique, c'est-à-
dire au moyen d'une hypothèque sur tous les biens présents et à venir de leur débiteur infidèle? Supprimer
cette hypothèque aurait donc peut-être pour résultat de
multiplier les exigences au moment des conventions, et
de porter, par l'usage exagéré des hypothèques conventionnelles, une atteinte profonde au crédit le plus utile,
à celui qui n'a pas besoin d'hypothèque.

On a tort, ajoute-t-on d'ailleurs, de dire que la loi a
été illogique ; que l'hypothèque judiciaire répugne à la
nature des jugements ; qu'elle est dangereuse ou injuste.
Le danger le plus grand est dans les conséquences que
sa suppression produirait sur les transactions en général,

et il n'y avait pas de lien nécessaire entre l'abrogation de la règle sur l'hypothèque résultant des actes notariés et la suppression de l'hypothèque judiciaire. Si en effet la simple authenticité de l'acte ne devait plus suffire pour engendrer l'hypothèque, la situation du créancier, obligé contre son attente de poursuivre le débiteur qui a trahi sa confiance, n'en reste pas moins digne de l'intérêt du législateur, et la loi pouvait raisonnablement lui dire : Je vous accorderai contre le débiteur condamné les sûretés que, dans l'espérance d'une exécution loyale et volontaire, vous n'avez pas exigées au moment des conventions.

L'hypothèque judiciaire n'est pas injuste non plus contre le débiteur, car il devait exécuter son obligation, et il n'a pas à se plaindre des conséquences rigoureuses d'une condamnation encourue par sa faute. Il était averti par la loi elle-même des suites de cette faute; elles sont rigoureuses; mais cette sévérité, il doit s'en souvenir, a été utile, au moment au moment du contrat, au crédit dont il avait besoin. Elle lui profite aussi jusqu'à un certain point sous un autre rapport, car en refusant au créancier non payé le droit hypothécaire général, on le placerait dans la nécessité d'user immédiatement et à outrance de tous les moyens d'exécution sur les biens ou même contre la personne.

Enfin, quant aux autres créanciers, la promesse faite par la loi n'est pas un privilége pour quelques-uns : elle appartient également à tous, et l'on comprend difficilement le reproche qui serait dirigé contre les plus vigilants : *Jura vigilantibus, non dormientibus.*

Le contre-projet, qui fut proposé en 1850, permettrait

de croire que les raisons invoquées par les partisans de l'hypothèque judiciaire avaient frappé un grand nombre des membres de l'Assemblée législative, et voici de quelle manière on essaya de donner satisfaction aux appréhensions que le projet de suppression faisait naître. On proposa de substituer à l'hypothèque judiciaire ce que l'on a appelé les oppositions, et, dans ce système, tout créancier porteur soit d'un jugement, soit d'un acte notarié en forme exécutoire duquel résulterait une créance exigible, pourrait former opposition au bureau des hypothèques sur un ou plusieurs immeubles du débiteur.

Cette opposition serait faite au moyen d'une inscription prise sur la présentation du titre exécutoire. accompagné d'un bordereau contenant la désignation du créancier, celle du débiteur et une élection de domicile de la part du créancier dans l'arrondissement du bureau où l'inscription aurait lieu. Elle aurait pour effet d'enlever au débiteur la faculté d'aliéner ou d'hypothéquer l'immeuble frappé d'opposition au préjudice des créanciers ; car aucun droit de préférence n'en résulterait contre ceux qui, comme en matière de saisie-arrêt. se présenteraient avant l'attribution du prix de l'immeuble. Cette dernière remarque fait pressentir que l'opposition devrait être suivie de la poursuite en saisie immobilière et d'un ordre. Et, en effet, le projet dont nous parlons supposait, ce qui n'était pas le moindre de ses inconvénients, que l'expropriation devrait avoir lieu dans l'année de l'inscription.

Ces idées, empruntées en grande partie aux règles qui gouvernent la saisie des sommes dues au débiteur, ne sont que bien difficilement applicables aux immeubles, et il est douteux qu'elles eussent été acceuillies par l'autorité législative.

La loi commerciale a organisé la faillite et la liquidation des biens du failli au profit de tous les créanciers, lorsqu'il y a cessation de paiements de la part d'un commerçant. Pourrait-on introduire dans l'ordre civil une liquidation analogue, et supprimer les hypothèques judiciaires? C'est ce que nous ne saurions apprécier avec quelque sûreté ; mais il nous semble qu'une loi de cette nature aurait, dans l'état de nos mœurs, beaucoup de peine à se faire accepter.

S'il nous était permis de hasarder l'expression de notre pensée personnelle, nous dirions qu'à notre avis il convient de conserver les hypothèques judiciaires, mais que peut-être les règles suivies aujourd'hui devraient être modifiées sous certains rapports.

Il ne nous semble pas que la dignité de l'autorité judiciaire soit nullement engagée dans la question. Cette dignité ne serait pas compromise parce que l'hypothèque générale ne suivrait pas ses décisions ; mais nous sommes préoccupé des intérêts généraux du crédit et de ce qu'il y a de parfaitement juste dans les plaintes du créancier qui, n'ayant pas exigé d'hypothèque conventionnelle, réclame une sûreté hypothécaire si sa confiance est trompée. Que la loi donc assure la faveur d'une hypothèque à celui qui, n'étant pas payé d'une dette exigible, est dans la nécessité de poursuivre son débiteur en justice, cela nous paraît équitable ; mais pourquoi lui donner plus que ce qu'il est défendu au débiteur de lui accorder d'après les principes généraux du régime hypothécaire ? **Comme** conséquence de la condamnation, le législateur pourrait lui conférer le droit d'obtenir une hypothèque sur les biens présents de son débiteur qui seraient par lui désignés, conformément à l'art. 2129 du C. Nap. ; il pourrait également lui conférer l'hypothèque même sur les biens à venir, dans les termes de l'art. 2130; et si, en faveur du principe de la spécialité, on croyait devoir conserver les règles des art. 2161 et suivants sur la réduction des inscriptions exagérées portant sur plusieurs domaines, nous ne verrions pas d'obstacles sérieux à ce que le débiteur eût la faculté de combattre immédiatement la demande du créancier, soit pour l'évaluation de sa créance, si elle était indéterminée, soit pour l'étendue de l'hypothèque, dont la restriction ne peut être demandée aujourd'hui que contre des inscriptions évidemment inutiles.

Les avantages dont jouirait le créancier non payé, nous les accorderions à celui dont le titre se trouverait dans la décision judiciaire elle-même. Il nous semblerait digne en effet de la même faveur, par cette raison qu'il ne serait pas juste de lui imposer la confiance que chacun demeure libre d'accorder ou de refuser dans les conventions volontaires. Cette liberté manquant, dans l'hypothèse qui nous occupe, le droit à l'hypothèque en serait, à notre avis, une conséquence naturelle.

Enfin nous dirions que, les parties étant maîtresses d'apprécier leurs intérêts, rien ne devrait s'opposer à ce que leur consentement éloignât l'hypothèque de la condamnation.

Les remarques qui précèdent appellent, pour l'application des dispositions du Code Napoléon, l'observation suivante : le législateur, nous le croyons, a été préoccupé des intérêts généraux du crédit et de la juste protection due au créancier non payé à l'échéance ; mais il est difficile de ne pas admettre qu'en même temps l'obligation constituée, reconnue ou déclarée par l'autorité judiciaire, lui a paru digne d'être protégée d'une manière exceptionnelle, en un mot par une hypothèque générale. Et si quelques hésitations pouvaient se produire à cet égard, la dérogation introduite par la loi du 3 septembre 1807, pour le cas où des engagements sous signatures privées ont été reconnus en justice *avant leur exigibité*, dissiperait toute incertitude. Le devoir du magistrat ou du jurisconsulte étant donc avant tout de reconnaître le sens de la loi et de l'appliquer, nous obéirons à cet esprit de la loi lorsque nous rechercherons quelle solution doit être donnée, dans l'état actuel de la législation, aux différentes questions de notre matière.

Nous allons, cela étant dit, rechercher successivement :

1° Quelles décisions et quels actes de la justice emportent hypothèque judiciaire ;

2° Ce qui concerne l'inscription de ces hypothèques ;

3° Leurs effets ;

4° Les conditions auxquelles est subordonnée la réduction des inscriptions.

Ces différents points seront l'objet de nos chapitres II, III, IV et V.

CHAPITRE II

Quelles Décisions et quels Actes emportent l'Hypothèque judiciaire.

Le texte de l'art. 2123 parle des jugements, des reconnaissances ou vérifications de signatures, des décisions arbitrales, des jugements rendus en pays étranger.

Occupons-nous d'abord des jugements.

Tous les jugements confèrent-ils hypothèque ? Il nous semble que, pour répondre à cette question, il faut se reporter à la définition même de l'hypothèque. C'est, dit l'art. 2114, un droit réel sur les immeubles affectés à l'acquittement d'une obligation. Il n'y a donc que les jugements desquels résulte une obligation qui puissent conférer hypothèque, et de là il suit que les décisions qui n'ont pour objet que de prescrire de simples mesures d'instruction ne sauraient emporter hypothèque. Tels sont ceux qui ordonnent une mise en cause, une visite de lieux, une expertise, une enquête, etc..

Mais aussi, et comme la loi ne distingue pas, il suffit qu'une obligation résulte de la décision judiciaire pour que l'hypothèque existe, sans qu'il y ait lieu de distinguer si l'obligation est de donner, de faire ou de ne pas faire ; on sait en effet que ces dernières, si elles ne sont pas ou si elles ne peuvent pas être exécutées, sont toujours susceptibles de se résoudre en dommages-intérêts.

Il importe peu, au reste, c'est le texte même qui le dit,

que le jugement soit contradictoire ou par défaut, définitif ou provisoire ; et nous pensons que l'hypothèque est attachée aussi bien au jugements qu'on appelle d'expédient,
c'est-à-dire rendus sur l'accord des parties, qu'à ceux
qui prononcent sur une contestation maintenue jusqu'à la
décision du juge.

Si le jugement est par défaut, faute de comparaître, il
est périmé à défaut d'exécution dans les six mois, et d'autre part l'exécution fait courir les délais d'opposition.
Lorsqu'il y a péremption, l'hypothèque s'évanouit avec sa
cause ; lorsqu'il y a opposition, l'hypothèque demeure,
pour le tout ou pour partie, subordonnée à ses résultats.

Les jugements contradictoires sont en dernier ressort
ou laissent ouverte la voie d'appel. Ce que nous venons
de dire des conséquences de l'opposition est applicable à
l'appel.

Les jugements en dernier ressort peuvent être attaqués
par la voie du recours en cassation, et si la cassation
est prononcée, il faut distinguer si la décision cassée avait
été précédée d'un premier jugement par défaut, ou d'un
jugement en premier ressort. L'effet de la cassation
étant de remettre les parties au même et semblable état
que si la décision n'avait pas été rendue, le demandeur
peut faire radier l'inscription prise en vertu du jugement
cassé ; mais si l'inscription avait été prise en vertu d'un
jugement par défaut plus tard frappé d'opposition, ou
d'un jugement en premier ressort dont on avait interjeté
appel, elle doit être maintenue nonobstant la cassation.

Nos lois reconnaissent divers ordres et diverses natures
de juridictions. On ne fera pas de distinctions à cet égard.

Ainsi emporteront hypothèque les décisions desquelles dérive une obligation, soit qu'elles émanent d'un tribunal de paix, d'un tribunal civil d'arrondissement, d'un tribunal de commerce, d'une cour impériale, de la cour de cassation, d'un tribunal administratif, d'un agent de l'administration statuant sur une question contentieuse, d'un tribunal de simple police, d'un tribunal correctionnel ou d'une cour criminelle.

On s'est demandé si les contraintes décernées par les agents administratifs, dans les cas où la loi leur donne ce pouvoir, produisent l'hypothèque judiciaire ; mais deux avis du Conseil d'État des 16 thermidor an XII et 29 octobre 1811, qui ont force de loi, nous semblent avoir tranché la question dans le sens affirmatif : « Considérant, porte le premier de ces avis, que les *administrateurs* auxquels les lois ont attribué pour les matières qui y sont désignées, le droit de *prononcer des condamnations ou de décerner des contraintes* sont de véritables juges, dont les actes doivent produire les mêmes effets et obtenir la même exécution que ceux des tribunaux ordinaires, etc., est d'avis que *les condamnations, les contraintes émanées des administrateurs, dans les cas et pour les matières de leur compétence*, emportent hypothèque de la même manière et aux mêmes conditions que celles de l'autorité judiciaire. »

Toutefois, des arrêts ont jugé que cette règle n'est pas applicable aux contraintes pour lesquelles les parties ont le droit d'opposition devant l'autorité judiciaire, et spécialement pour celles émanées des agents de l'Enregistrement. Mais le texte des avis précités se prête difficilement, il nous semble, à cette distinction. Une dissertation de M. Serrigny, insérée dans la **Revue Critique de législation et de jurisprudence**, t. IX, p. 554, établit avec force la solution que nous croyons devoir suivre.

Les décisions de conseils de guerre n'emportent pas hypothèque. Cette juridiction exceptionnelle ne statue que contre les personnes et relativement aux délits dont elles peuvent s'être rendues coupables.

Qu'arrivera-t-il dans le cas où la décision consacrant une obligation aura été rendue par un tribunal incompétent? L'incompétence est relative ou absolue. S'agit-il d'une incompétence relative, la décision ayant été rendue par un tribunal compétent à raison de la matière, mais dont la compétence aurait pu seulement être déclinée, parce qu'il n'était pas le tribunal où le défendeur devait être appelé, il est certain que l'hypothèque judiciaire aura lieu.

S'agit-il d'une incompétence absolue, on décide qu'elle est d'ordre public, parce qu'elle tient à l'organisation des juridictions et qu'elle a paru nécessaire à la bonne administration de la justice. La décision produira-t-elle encore l'hypothèque judiciaire? Ici on a présenté la distinction suivante : il y a des cas, a-t-on dit, dans lesquels le juge est moins incompétent à raison de la matière, qu'à raison de l'importance de l'objet du litige ; il y a compétence *quoad certam summam* ; la compétence cesse au delà. Tel est le cas où, par exemple, le juge de paix peut statuer en dernier ressort ou à charge d'appel, pourvu que la demande n'excède pas le taux de sa compétence, mais où il doit s'abstenir de statuer si ce taux est dépassé. Le juge aurait alors le principe de la juridiction, et son pouvoir pourrait être prorogé par les parties.

Il y a d'autres cas dans lesquels l'incompétence est radicale, et ne saurait être prorogée même par le consentement des parties. Le juge est tenu de suppléer d'office son incompétence. Telle est l'hypothèse où une question réservée à la juridiction civile serait portée devant un tribunal de commerce, et encore où le tribunal civil serait saisi d'une question appartenant au contentieux administratif.

Ce n'est pas ici le lieu de rechercher si, lorsque l'incompétence tient à l'importance du litige, la juridiction peut être prorogée, et quels sont les effets de cette prorogation ; notre sujet exige seulement que nous disions s'il y aura, selon nous, hypothèque judiciaire. Or, à notre sens, cette hypothèque dépendra de l'autorité de la chose jugée qui pourra s'attacher à la décision rendue. Il y a en effet une décision émanant d'une autorité judiciaire, et l'incompétence même *ratione materiæ* ne produit pas une nullité que rien ne puisse couvrir. Nous pouvons supposer qu'une question civile a été tranchée par un tribunal de commerce : la volonté des parties serait impuissante à purger le vice dont cette décision est entachée ; mais ce vice cependant n'ouvre que la voie de l'appel, ou celle du recours en cassation. Si donc les délais légaux s'écoulent sans que le jugement incompétemment rendu soit attaqué, il devient chose irrévocablement jugée. C'est la conséquence d'un principe qui tient aussi sous d'autres rapports à l'ordre public et à l'organisation des juridictions : *Res judicata pro*

veritate habetur, et une présomption *juris et de jure* fait
que le jugement est censé rendu dans les limites de
la compétence de la juridiction de laquelle il émane.
Nous en concluons qu'il a pu produire l'hypothèque judiciaire, et que cette hypothèque est confirmée s'il n'a pas
été annulé pour vice d'incompétence.

Il est des circonstances dans lesquelles il peut être
difficile de reconnaître soit si une obligation résulte d'une
décision judiciaire, soit quelle est la nature réelle de
cette obligation. Expliquons-nous sur ce point, et parcourons diverses hypothèses pour lesquelles la doctrine
ou la jurisprudence se sont divisées.

D'abord, il n'est pas nécessaire que l'obligation soit
liquide ; il est certain qu'elle peut être indéterminée et
seulement, quant à présent du moins, susceptible d'évaluation.

Le jugement qui nomme un administrateur emporte-
t-il hypothèque ? Ainsi, un curateur est nommé à une succession vacante; les biens immeubles de ce curateur
pourront-ils être grevés d'une inscription d'hypothèque
judiciaire ?

Deux opinions sont en présence : l'une qui soutient,
l'autre qui repousse l'hypothèque.

En faveur de l'hypothèque, on prétend que le jugement
qui nomme l'administrateur ne se renferme pas en réalité
dans cette nomination. Nommer un administrateur,
dit-on, c'est le charger d'administrer, c'est lui imposer
l'obligation d'administrer, c'est le constituer responsable
des fautes ou des négligences qu'il pourra commettre
dans son administration , c'est dire, enfin, qu'il sera

tenu de rendre compte de ce qu'il aura fait, et de remettre, à celui dont les biens auront été administrés, les valeurs reçues ou le reliquat qui en restera dans ses mains. Donc, dit-on, la nomination d'un administrateur implique une obligation générale et indéterminée, analogue à celle qui pèse sur un tuteur ; les faits qui se produisent pendant le cours de l'administration, n'en sont que le développement ; et puisque l'obligation du tuteur est suffisante pour soutenir l'hypothèque légale, l'hypothèque judiciaire peut et doit s'attacher aux obligations de l'administrateur.

Nous préférons l'opinion contraire. Il est vrai que l'administrateur est soumis à des obligations ; il est vrai encore que ces obligations seraient, comme celles du tuteur, susceptibles d'être garanties par une hypothèque; mais cela ne suffit pas à l'hypothèque judiciaire. Celle-ci veut que l'obligation se trouve dans la décision, et par conséquent, c'est de cette décision même qu'il s'agit de reconnaître le caractère et l'étendue. Si, quand le juge est appelé à nommer un administrateur aux biens d'autrui, sa mission ne va pas au de là de cette nomination, il ne fait rien de plus que d'y procéder ; quant aux obligations de l'administrateur choisi, elles découlent des principes généraux du droit et des dispositions de la loi ; elles dépendent de ses faits personnels et, dès lors, elles n'existent que dans les conditions ordinaires et de droit commun, tant qu'elles n'ont pas été l'objet de décisions particulières et nouvelles, obtenues contre l'administrateur.

Mais un nouveau jugement intervient, qui condamne l'administrateur à rendre compte ; emportera-t-il moins hypothèque? Ici encore les opinions se divisent.

Pour l'affirmative, on soutient que le jugement, qui condamne à rendre compte, reconnaît implicitement qu'il y a eu obligation d'administrer et que l'on est tenu de compter d'abord et ensuite de payer le reliquat, si le résultat du compte est de démontrer que l'on est reliquataire. Il y a donc, dit-on, obligation principale reconnue en justice, puisque, sans cette obligation, le compte ne serait pas ordonné. Il y a aussi condamnation encore indéterminée, mais implicite, dans le cas où le compte établirait la dette ; or cela suffit pour l'existence de l'hypothèque judiciaire.

Nous croyons qu'il faut reconnaitre d'abord que le jugement produit au moins l'obligation de rendre compte, et qu'en définitive, cette obligation, qui est une obligation de faire, est susceptible d'être garantie par l'hypothèque judiciaire. Mais cette hypothèque s'éteindra par l'exécution de la sentence, c'est-à-dire par la reddition même du compte. A notre avis, on ne doit pas aller plus loin, pourvu, bien entendu, que le jugement ne fasse rien de plus que de condamner à rendre compte. La condamnation de celle des parties qui se trouvera reliquataire envers l'autre, n'est pas nécessairement contenue dans le jugement de reddition de compte ; il y a litige, et la condamnation n'interviendra que plus tard. Or l'hypothèque judiciaire suit la condamnation et ne la précède pas.

On s'est demandé si le jugement qui envoie en possession les héritiers présomptifs d'un absent produit l'hypothèque judiciaire. Cette question doit être résolue par les mêmes considérations que celles présentées à l'occasion dès jugements qui nomment, par exemple, un curateur à une succession vacante.

Un jugement qui valide une saisie, et fait attribution au profit du saisissant, rend celui-ci créancier du tiers saisi et emporte hypothèque judiciaire.

Le jugement qui condamne à fournir une caution emporte une obligation qui consiste précisément à fournir cette caution dans les conditions des art. 2040, 2018, et 2019, et, sous ce rapport, il produit l'hypothèque judiciaire qui s'éteindra au moment où la caution sera fournie. L'art. 2041 autorise celui qui ne peut pas trouver une caution, à donner un nantissement suffisant à sa place. La dette se trouve alors garantie par un gage; mais, dès l'instant où le jugement a condamné à fournir caution, et n'a rien statué sur l'obligation principale, il n'y a pas d'hypothèque judiciaire pour cette dernière obligation.

La soumission de la caution, faite dans les termes de l'art. 519 du Code pénal au greffe du tribunal, est exécutoire lorsqu'elle est acceptée. Nul doute que, dans ce cas, les biens de la caution ne soient pas frappés de l'hypothèque judiciaire. Mais que décidera-t-on dans le cas où la caution offerte étant contestée, il y aura lieu à jugement pour savoir si elle doit être admise? On a prétendu que la décision qui admet la caution implique reconnaissance de sa dette, et constatation judiciaire de son engagement; d'où on a conclu qu'il y aurait hypothèque sur les biens de la caution. Nous ne pensons pas que la contestation de la caution offerte et le jugement déclarant qu'elle devait être admise aient pour résultat de donner au créancier contestant l'hypothèque judiciaire sur les biens de la caution. Le jugement se borne à décider que la caution devait être admise ; il est d'ailleurs obtenu par le débiteur offrant la caution contre le créancier qni a refusé de l'accepter. Or l'art. 2123 donne l'hypothèque judiciaire à celui par qui le jugement a été obtenu, et le créancier contestant, qui succombe, ne peut prétendre à l'ypothèque judiciaire.

Il y a des cas assez nombreux dans lesquels des immeubles sont vendus en justice. Le jugement d'adjudication, auquel se rattache le cahier des charges et qui constate, en même temps que l'adjudication, l'engagement de l'adjudicataire, produit-il hypothèque ? S'il s'agissait d'un véritable jugement, on devrait adopter l'affirmative sans hésitation. Mais malgré les habitudes de langage qui donnent à ces actes le nom de jugements, nous ne pensons pas que l'intervention du juge ait lieu alors en qualité de magistrat statuant au contentieux. L'intervention de la justice est toute de protection et donne seulement à l'adjudication les garanties de publicité, de liberté et d'authenticité. Il ne doit donc pas y avoir hypothèque judiciaire. Vainement par suite introduirait-on dans le cahier des charges une clause pour produire cette hypothèque, car elle ne dépend pas de la volonté des parties ; c'est la loi qui l'attache aux jugements, et là où il n'y a pas jugement, les conventions sont impuissantes à engendrer l'hypothèque judiciaire. La clause du cahier des charges ne pourrait pas même produire une hypothèque conventionnelle, puisque cette hypothèque doit, aux termes de l'art. 2127, être consentie, par acte passé en forme authentique devant deux notaires ou devant un notaire et deux témoins. Le juge, capable de prononcer l'adjudication, n'a pas qualité pour constater des conventions constitutives d'hypothèques.

Les considérations qui précèdent conduisent à décider également en principe qu'un jugement d'homologation n'emporte pas hypothèque. Le juge exerce, dans ce cas, plutôt une sorte de tutelle judiciaire qu'il ne rend des décisions. Il faut toutefois se rappeler que les art. 490 et 517 du Code de commerce donnent hypothèque à la masse des créanciers après le jugement déclaratif de faillite, et aux créanciers concordataires, après le jugement d'homologation du concordat et pour son exécution.

On s'est demandé si le jugement qui, sur la demande d'un architecte ou de tout autre ouvrier, ordonne le règlement d'un mémoire d'ouvrage confère l'hypothèque judiciaire. Est-ce un simple avant faire droit, une décision purement préparatoire, ou bien y a-t-il reconnaissance et constatation de l'obligation principale, et incertitude subsistant seulement sur son importance ? Dans le premier cas, le jugement n'emportera pas l'hypothèque ; dans le second cas, il devra produire une hypothèque, au contraire. Il nous semble que l'on ne peut guère donner une solution absolue ; il faudra examiner le caractère de la décision qui pourra être différente selon les droits et l'état de la procédure qui l'auront précédée.

Supposons maintenant qu'un débiteur a promis à son créancier une hypothèque spéciale sur certains biens. Il n'exécute pas sa promesse ; il y a action en justice, et le débiteur est condamné à fournir l'hypothèque. Ce jugement emportera-t-il par lui-même et nécessairement hypothèque judiciaire sur les biens du débiteur? Oui pour la garantie de l'obligation de fournir l'hypothèque promise; mais pour la sûreté de la dette elle-même, que décider? Peut-on dire que le juge, par cela même qu'il a condamné à fournir l'hypothèque, a reconnu et proclamé la dette dont elle devait être l'accessoire? Nous croyons qu'il ne faut pas être aussi absolu. Il arrivera souvent sans doute que la dette principale sera judiciairement consacrée en même temps que l'engagement accessoire; mais il n'en est pas nécessairement ainsi, et il se peut qu'il n'y ait pas chose jugée relativement à l'obligation principale. Or, s'il n'y a pas chose jugée quant à cette obligation, c'est qu'il n'y a pas jugement entre les parties sur son existence, et dans ce cas l'hypothèque judiciaire ne doit pas avoir lieu.

Lorsqu'un créancier poursuit son paiement sur les biens de son débiteur, ces poursuites peuvent donner lieu à des difficultés qui amènent des décisions judiciaires, sur leur continuation ou leur discontinuation. Y aura-t-il hypothèque judiciaire pour la sureté de la dette par cela même qu'un jugement aura ordonné la continuation des poursuites? Nous suivrions une distinction analogue à celle qui précède, et nous dirions que l'hypothèque judiciaire vient garantir la créance, seulement lorsque dans ces décisions la dette étant reconnue ou déclarée, on peut trouver une chose jugée sur la dette elle-même.

Le jugement qui condamne à payer des intérêts confère-t-il l'hypothèque judiciaire pour le capital? La dette du capital sera en général judiciairement reconnue ou constatée, lorsque le créancier obtiendra une condamnation pour les intérêts. La conséquence implique en effet le principe. Toutefois, des hypothèses peuvent se présenter, dans lesquelles des intérêts seraient encore dus, alors que la dette principale serait éteinte, et il serait dangereux d'étendre la chose jusqu'au delà de son véritable objet. Nous serions porté à penser que la condamnation aux intérêts contiendra le plus souvent une décision sur le capital lui-même ; mais il n'y a cependant pas lien absolument nécessaire entre ces deux choses. La même distinction nous servirait de guide sur la question de l'hypothèque.

Après une saisie immobilière ou après une purge, un ordre a été ouvert. L'état de collocation a été dressé par le juge, et les bordereaux ont été délivrés au créanciers colloqués. Y aura-t-il constatation judiciaire de l'existence de la dette, chose jugée et hypothèque? Il faut distinguer s'il s'agit du débiteur ou du tiers adjudicataire de l'immeuble dont le prix est en distribution. Quant au débiteur, l'état d'ordre définitif arrêté sans qu'il y ait eu contredit de sa part, ou en vertu de jugements rendus sur les contredits, peut être considéré comme contenant une reconnaissance, une déclaration judiciaire de la dette au profit du créancier colloqué, et ce créancier pourrait par suite prétendre à l'hypothèque judiciaire sur les biens de son débiteur. Mais pour l'adjudicataire il n'en sera pas ainsi : sa situation est déterminée par les conséquences de l'adjudication ; l'état d'ordre dont le but est de régler le rang des créanciers qui peuvent prétendre à un paiement sur le prix, ne doit pas la changer. Sans doute les bordereaux de collocation arment ceux auxquels ils sont délivrés d'un titre exécutoire contre l'adjudicataire, lequel peut être poursuivi pour le paiement de son prix par voie de saisie ou par voie de folle-enchère. Mais il ne suffit pas qu'il y ait titre exécutoire pour entraîner l'hypothèque judiciaire, et nous ne croyons pas que l'état d'ordre soit un jugement contre l'adjudicataire débiteur du prix en distribution. Au reste il est bien évident que si des créanciers porteurs de bordereaux obtenaient des condamnations contre le débiteur du prix de l'immeuble, ils auraient, en vertu de ces jugements, le droit de prendre inscription sur tous les biens de l'adjudicataire.

L'art. **2123** attache en second lieu l'hypothèque judiciaire aux reconnaissances ou vérifications faites en jugement des signatures apposées à un acte obligatoire sous seing privé. L'art. **2117**, second alinéa, était plus général lorsqu'il disait : « l'hypothèque judiciaire et celle qui résulte des jugements ou actes judiciaires. » La disposition de l'art. **2123** nous semble préciser l'étendue des termes employés par l'art. **2117**, et nous ferons remarquer qu'après avoir attaché l'hypothèque judiciaire aux jugements, il ne l'établit pour les reconnaissances ou vérifications que relativement à celles faites en jugement.

Lorsque la dette constatée par acte sous signature privée est exigible, la reconnaissance de la signature ou l'aveu de la dette en justice sont des équivalents de la condamnation, et l'on comprend l'hypothèque judiciaire ; mais il n'en est plus ainsi quand, la dette n'étant pas exigible, le débiteur ne peut être ni poursuivi, ni condamné. Pourquoi, dans ce cas, la reconnaissance ou la vérification de l a signature emporterait-elle l'hypothèque judiciaire ?

Aussi les plus sérieuses critiques se sont élevées contre cette partie de la loi qui semble un vestige des pratiques de notre ancienne jurisprudence, et nous serions disposé à nous associer à ces critiques.

Cette hypothèque nous paraît sans cause légitime ; elle est aussi injuste, dangereuse et favorable aux fraudes. Elle est sans cause légitime, car le seul objet de la reconnaissance ou de la vérification a été la signature. L'obligation ne pouvait pas et ne devait pas être comprise dans l'action, puisque nous supposons que la dette n'était pas exigible. Elle est injuste, car elle frappe les biens d'un débiteur à qui on ne saurait adresser aucun reproche. Elle donne au créancier chirographaire une hypothèque générale qu'il n'aurait pas pu obtenir, et alors que le débiteur n'a pas voulu peut-être consentir même une hypothèque spéciale. Elle est injuste et dangereuse aussi relativement aux autres créanciers, car ceux qui sont porteurs de titres authentiques se trouvent primés par les autres, attendu qu'ils ne peuvent agir pour obtenir une condamnation qu'après l'exigibilité de la créance. Enfin elle est favorable aux fraudes, car elle ouvre une porte à des hypothèques conventionnelles générales indirectement consenties devant le juge.

Nous avons dit que la reconnaissance ou vérification de signature doit avoir été faite en jugement. La reconnaissance constatée dans le procès-verbal du juge de paix, agissant comme magistrat conciliateur, ne produirait donc pas hypothèque ; mais cette reconnaissance devant le juge de paix, agissant comme juge, rentre dans les conditions de l'art. 2123, et ici une question intéressante se présente :

Les juges de paix connaissent, aux termes de l'art. 1er de la loi de 1838, de toutes actions personnelles et mobilières en dernier ressort jusqu'à la valeur de 100 fr., et à charge d'appel jusqu'à la valeur de 200 fr. Si donc il s'agit d'actes sous seing privé emportant obligation dans ces limites, la signature pourra valablement être reconnue devant le juge de paix, et l'hypothèque judiciaire sera la conséquence de la reconnaissance qui aura été faite. Mais pourra-t-on passer une semblable reconnaissance avec effet hypothécaire, lorsque l'acte sous signature privée excédera le taux de la compétence du juge? Nous n'admettons pas que de semblables reconnaissances puissent alors être considérées comme faites en jugement. Suivant nous, une reconnaissance ne peut être réputée faite en jugement que lorsque la loi donnait au magistrat le pouvoir de juger. Si ce pouvoir n'existe plus, la reconnaissance passée par les parties n'est plus réalisée dans les conditions où une loi qu'il faut plutôt restreindre qu'étendre lui faisait produire l'hypothèque judiciaire. Il faut bien remarquer que, dans ces sortes de reconnaissances, il n'y a point contestation entre les parties qui sont convenues d'avance, le plus souvent, de se présenter devant le juge, sans même que le débiteur se soit bien rendu compte des calculs du créancier. Le juge doit s'abstenir de prêter son concours dans de semblables circonstances ; mais alors même que, croyant sa juridiction valablement prorogée par le consentement des parties, il aurait donné acte de la reconnaissance faite devant lui, nous pensons qu'il n'y aurait pas hypothèque judiciaire, parce que la reconnaissance ne se serait pas faite en jugement dans le sens vrai de l'art. **2123**. S'il en était autrement, il deviendrait trop facile de substituer, pour ainsi dire, les juges de paix aux notaires pour l'établissement des hypothèques conventionnelles, et de conférer ainsi des hypothèques générales prohibées, au lieu d'hypothèques spéciales qui sont seules permises.

Nous n'avons aucune observation particulière à faire sur la disposition relative aux décisions arbitrales. Ces décisions n'emportent hypothèque qu'autant qu'elles sont revêtues de l'ordonnance judiciaire d'exécution. (V. C. de proc. civ., art. 1020 et 1021.)

Mais l'hypothèque qui peut résulter des jugements rendus par les tribunaux étrangers exige quelques développements.

Le texte parle des jugements rendus en pays étrangers; mais il est certain que sa disposition n'est pas applicable aux décisions rendues en pays étrangers par nos consuls. C'est donc des décisions émanées de tribunaux étrangers plutôt que de décisions rendues en pays étrangers que s'occupe notre article.

Les jugements des tribunaux étrangers n'emportent hypothèque judiciaire qu'autant qu'ils ont été déclarés exécutoires par un tribunal français. En quoi consiste cette condition, et de quelle manière le tribunal doit-il procéder pour la remplir? Quatre opinions sont en présence.

Une première opinion prétend que les débats doivent recommencer devant le tribunal français, comme si la question litigieuse avait été portée tout d'abord devant lui. Mais, dans cette opinion, le jugement rendu par le tribunal étranger n'a plus en définitive qu'une autorité purement doctrinale, et comme il est remplacé par la décision du tribunal français statuant dans la plénitude de son indépendance, c'est cette dernière décision qui produirait l'hypothèque, laquelle ne résulterait plus de la décision du tribunal étranger.

Une seconde opinion, radicalement opposée à la première, soutient que le tribunal français ne donne qu'un simple visa ou pareatis, analogue à l'ordonnance *d'exequatur* du président du tribunal relativement aux décisions arbitrales. Mais, dans ce système, on ne comprend pas que la loi ait exigé que les jugements étrangers soient déclarés exécutoires par un tribunal français.

La troisième opinion maintient les distinctions faites par notre ancienne jurisprudence pour l'application de l'article 121 de l'ordonnance de 1729. Cet article portait : « Les jugements rendus, contrats ou obligations reçus « ès-royaumes et souverainetés étrangères pour quelque « cause que ce soit, n'auront aucune hypothèque en « notre dit royaume ; ainsi tiendront les contrats lieu « de simples promesses, et nonobstant les jugements, « nos sujets contre lesquels ils auront été rendus pour- « ront de nouveau débattre leur droit comme entier « devant nos officiers. » On interprétait et on appliquait cette disposition en faisant les distinctions suivantes : le tribunal français n'avait qu'à donner son visa et revêtir le jugement du tribunal étranger d'une simple ordonnance d'exécution, lorsque ce jugement avait été rendu soit entre étrangers, soit entre un Français et un étranger, mais au profit du Français. Il devait, au contraire réviser l'affaire en son entier et y statuer après un nouveau débat, lorsque le jugement avait été rendu au profit d'un étranger contre un Français. Or, pour l'application des art. 2123 C. Nap. et 549 du C. de proc. civ., on s'efforce de maintenir cette doctrine de l'ancienne jurisprudence.

Bien que cette troisième opinion ait été défendue par de fort bons esprits, nous croyons qu'il faut donner à l'art. 2123 une autre signification. Le tribunal, suivant nous, aurait à remplir une mission toujours semblable, consistant non pas à reprendre l'instruction et l'examen de l'affaire, comme s'il n'y avait pas eu de jugement, mais à comparer la décision même du juge étranger aux principes admis dans nos lois françaises et surtout à nos règles d'ordre public. On conçoit qu'un tel examen ait été confié au tribunal tout entier, et il conduit à ce résultat que si le jugement du tribunal étranger n'est pas contraire à nos lois d'ordre public, il est rendu purement et simplement exécutoire, et emporte hypothèque; mais que s'il est en opposition avec nos lois, il peut être corrigé par le tribunal français procédant alors, pour arriver à cette modification, suivant les formes ordinaires. C'est ainsi, par exemple, que malgré les traités existant entre la France et la Suisse, une liquidation de succession ayant eu lieu devant un tribunal suisse, et ce tribunal ayant attribué à l'enfant mâle les trois quarts des biens et seulement un quart à sa sœur qui était française, les tribunaux français ont rectifié la liquidation sur ce point, et accordé à l'héritière française, non seulement une part égale sur les biens situés en France, mais encore sur ces biens le prélèvement accordé par la loi du 14 juillet 1819.

CHAPITRE III

De l'Inscription des Hypothèques judiciaires.

L'hypothèque judiciaire ne prend rang, d'après les principes du C. Nap., que du jour de l'inscription. Sous ce rapport elle offre une différence importante avec la règle admise dans l'ancienne jurisprudence. Ce n'est pas que l'hypothèque ne résulte pas du jugement lui-même ; mais son effet est subordonné à l'effet de l'inscription qui, a l'égard des autres créanciers ou des tiers acquéreurs, en révèle l'existence et en fixe la date.

Nous avons dit que l'hypothèque résulte des jugements par défaut comme des jugements contradictoires, et qu'elle peut ou disparaître ou subsister seulement pour partie, selon le jugement rendu sur opposition. Mais à quel moment l'inscription peut-elle être prise ? Peut-elle précéder, dans les jugements par défaut faute de conclure, la signification qui fait courir les délais d'opposition ? Peut-elle précéder, dans les jugements, faute de comparaître, les actes d'exécution qui seuls font courir ce même délai ? On s'accorde généralement à reconnaître que l'inscription hypothécaire n'est qu'une mesure conservatoire, et que par suite elle peut avoir lieu du moment où il y a jugement.

Mais ne faudra-t-il pas du moins que le jugement ait été enregistré et que le créancier soitporteur d'une expédition ? Nous ne croyons pas que ces conditions tiennent à la validité de l'hypothèque ou de l'inscription hypothécaire ; seulement le conservateur des hypothèques peut, dans l'intérêt de sa responsabilité, exiger la représentation du titre en vertu duquel l'inscription est requise.

Ce que nous venons de dire pour les jugements par défaut est applicable aux jugements susceptibles d'appel.

Les dispositions du C. Nap. qui attribuent l'hypothèque judiciaire à la reconnaissance de signatures apposées à un acte obligatoire sous seing privé, s'appliquent aux reconnaissances antérieures, à l'exigibilité de la créance, et nous avons signalé les vices de ce système. La loi du 3 septembre 1807 a corrigé les inconvénients de cette théorie : allant plus loin qu'une déclaration du 2 janvier 1717, applicable seulement aux promesses passées par marchands, négociants, banquiers et autres particuliers faisant commerce et trafic de marchandises, elle a décidé, d'une manière générale, que l'inscription hypothécaire ne pourrait avoir lieu qu'à défaut de paiement de l'obligation après son échéance, lorsque la reconnaissance en aurait précédé l'exigibilité. Ainsi, et sous l'empire de cette loi, la reconnaissance faite en jugement emporte toujours l'hypothèque; mais l'inscription, qui est la condition de l'effet et du rang du droit hypothécaire, ne peut être prise qu'à défaut de paiement à l'échéance.

La loi du 3 septembre 1807 maintient toutefois le principe qu'elle a corrigé, lorsqu'il a été convenu que le créancier pourrait inscrire, en vertu du jugement de reconnaissance, avant l'échéance de l'obligation ; et nous devons ajouter que cette loi cesse naturellement d'être

applicable, dans les cas où la diminution des sûretés à .
rendu la créance exigible avant l'échéance du terme.

Il peut arriver que le débiteur tombe en faillite, qu'il
décède et que sa succession soit acceptée purement et
simplement, ou sous bénéfice d'inventaire ; quelle sera
l'influence de ces événements sur l'hypothèque judiciaire.

Et d'abord occupons-nous du cas de faillitte. L'art. 2146
du C. Nap. déclare sans effets lēs inscriptions prises dans
le délai pendant lequel les actes faits avant l'ouverture
des faillites sont déclarés nuls, et l'ancien art. 443 du
C. de Com. portait : « nul ne peut acquérir privilége
« ni hypothèque sur les biens du failli dans les dix jours
« qui précèdent l'ouverture de la faillite. » Les art. 446
et 448 du C. de com. modifié par la loi du 28 mai 1838,
disposent : art 446. « Sont nuls et sans effet, relative-
« ment à la masse, lorsqu'ils auront été faits par le débi-
« teur depuis l'époque déterminée par le tribunal comme
« étant celle de la cessation de ses paiements, ou dans
« les dix jours qui auront précédé cette époque, tous
« actes translatifs de propriété etc...., toute hypothèque
« conventionnelle ou judiciaire et tous droits d'antichrèse
« ou de nantissement constitués sur les biens du débiteur
« pour dettes antérieurement contratées.

Art. 448. « Les droits d'hypothèque et de privilége
« valablement acquis pourront être inscrits jusqu'au jour
« du jugement déclaratif de la faillite. Néanmoins, les in-
« scriptions prises après l'époque de la cessation de paie-
« ments, ou dans les dix jours qui précèdent pourront
« être déclarées nulles, s'il s'est écoulé plus de quinze

« jours entre la date du titre constitutif de l'hypothèque ou du privilége, et celle de l'inscription.

Ainsi la faillite du débiteur fixe le sort des divers créanciers de telle sorte qu'il n'est plus permis à quelques-uns d'obtenir un droit de préférence sur les autres. Tel paraît être le principe pour l'application duquel quelques explications sont cependant nécessaires.

L'art. 446 ne déclare nuls et sans effet les hypothèques judiciaires qui ont pris naissance depuis la cessation de paiements ou dans les dix jours qui l'ont précédée, que lorsqu'il s'agit de dettes *antérieurement contractées*.

Il ne prononce aussi cette nullité que relativement à la masse.

Et d'un autre côté, l'art. 448, tout en validant en principe *les inscriptions* même postérieures à la cessation des paiements, pourvu qu'elles soient antérieures au jugement qui déclare la faillite et qu'elles soient requises en vertu d'hypothèques non frappées de nullité par l'art. 446, déclare cependant que dans *certaines circonstances* elles peuvent être annulées.

On s'est demandé si ces règles sont applicables à la déconfiture. Mais il paraît naturel de croire qu'il n'en doit pas être ainsi, la loi n'ayant pas établi de moyens pour déterminer l'époque où la déconfiture commence d'exister. Les créanciers n'ont donc en matière civile d'autre protection que celle qui leur est accordée par l'art. 1167 du C. Nap.

L'art. 2146 ne parle pas de la cession de biens qui, aujourd'hui, ne peut plus avoir lieu en matière commerciale, mais est restée toujours possible en matière civile.

Que faut-il décider ? Il est certain qu'après la cession de biens, le droit hypothécaire ne peut pas naître en faveur d'un créancier. Il y a désaisissement du débiteur. Mais si l'hypothèque avait été acquise antérieurement, pourrait-elle au moins être valablement inscrite après la cession de biens ? La question est controversée, et pourtant, nous saurions porté à croire que l'inscription elle-même n'est plus possible.

Quelles règles suivre si le débiteur vient à décéder, et si sa succession est acceptée purement et simplement ou sous bénéfice d'inventaire ? Il faut séparer plusieurs hypothèses.

Supposons d'abord que le créancier ait obtenu un jugement contre son débiteur et pris inscription sur les biens présents et à venir de celui-ci. Le débiteur venant à décéder et sa succession étant acceptée purement et simplement, les biens de l'héritier, situés dans l'arrondissement où l'inscription a été prise, seront-ils grevés de l'hypothèque, comme en auraient été grevés les biens advenus à son auteur ? L'hypothèque n'atteindra pas les biens de l'héritier. De même que l'hypothèque de la femme ne s'étend pas aux biens de l'héritier du mari, de même l'hypothèque judiciaire ne s'étend pas aux biens de l'héritier du débiteur condamné. Par l'acceptation pure et simple, l'héritier prend l'engagement de payer les dettes de la succession, même sur ses biens personnels, mais cette acceptation ne le soumet pas au droit réel d'hypothèque résultant du jugement obtenu contre son auteur.

La solution qui précède conduit à cette conséquence, que si le créancier porteur du jugement n'avait pas pris inscription avant le décès de son débiteur, il pourrait inscrire son hypothèque judiciaire qui frapperait les biens du défunt, mais ne s'étendrait pas à ceux de l'héritier.

Nous supposons toujours la succession acceptée purement et simplement. Or, on sait que les créanciers de l'héritier ont action sur les biens de l'hérédité confondus avec ceux de leur débiteur. Si donc ces créanciers avaient un jugement contre l'héritier, l'inscription de leur hypothèque porterait non-seulement sur les biens personnels de celui-ci, mais encore sur ceux qu'il aurait recueillis dans la succession. Contre ce danger la loi ouvre aux créanciers de l'hérédité le bénéfice de la séparation des patrimoines.

De cette manière, la masse des créanciers héréditaires se met à l'abri du concours et des actions des créanciers personnels de l'héritier. Mais la séparation des patrimoines ne produit aucun droit de préférence entre les créanciers héréditaires, et l'on pourra demander si malgré cette séparation, le créancier qui a obtenu un jugement contre le défunt, peut utilement inscrire son hypothèque après le décès. Pas de difficulté, si l'inscription est prise avant celle que prescrit l'art. 2111 pour la séparation des patrimoines. La loi ne défend pas d'inscrire après le décès une hypothèque acquise antérieurement.

La prohibition de l'art. 2146 ne s'applique qu'aux successions sous bénéfice d'inventaire. Lors donc que l'inscription de la séparation des patrimoines survient après celle du créancier hypothécaire, elle ne peut nuire à ce dernier; c'est contre les créanciers de l'héritier qu'elle est dirigée. Mais le règlement des droits de la masse en présence d'un créancier du défunt ayant inscrit son hypothèque après le décès, est plus embarrassant, lorsque l'inscription hypothécaire a suivi celle de la séparation des patrimoines, et que cette dernière, ou bien n'absorbe pas toute la valeur des immeubles, ou bien n'a été requise que pour une partie des créances.

On doit éviter, tout en reconnaissant la validité de l'inscription hypothécaire, que la situation des créanciers diligents puisse souffrir du concours des créanciers négligents et des combinaisons essayées à l'aide d'inscriptions hypothécaires prises postérieurement à la séparation des patrimoines.

Les créanciers du défunt qui ont obtenu des condamnations contre l'héritier pur et simple ont une hypothèque qui, comme celle des créanciers de l'héritier ayant obtenu des jugements, s'étend aux biens présents et à venir de cet héritier, et par conséquent à ceux de la succession que cet héritier à recueillie. Sous ce rapport, au cas de séparation des patrimoines, inscrite dans le délai de l'art 2111, il devra être traité relativement à cette hypothèque, comme les créanciers personnels de l'héritier.

Lorsque la succession est acceptée sous bénéfice d'inventaire, l'art. 2146 dispose que l'inscription ne produit aucun effet entre les créanciers de la succession, si elle n'a été faite par l'un d'eux que depuis l'ouverture. Celui donc qui avait obtenu un jugement contre le défunt ne prend pas une inscription utile contre les créanciers de la succession, après le décès du débiteur condamné. A plus forte raison aucune hypothèque judiciaire ne serait acquise au créancier qui aurait fait reconnaître son droit depuis le décès.

Le texte ne distingue pas entre le cas où l'acceptation sous bénéfice d'inventaire, st purement volontaire, et celui où on ne peut accepter purement et simplement. Il s'applique donc même à des successions échues à des mineurs.

Il faut remarquer aussi que le législateur ne s'est pas attaché à la date de l'acceptation, mais à celle de l'ouverture de la succession.

Quelles règles devront être suivies, lorsque la succession étant dévolue à deux héritiers, par exemple, l'un acceptera sous bénéfice d'inventaire, et l'autre purement et simplement? Il nous paraît certain qu'après le partage, l'indivision ayant cessé avec effet rétroactif au jour du décès (art. 883), le créancier, porteur d'un jugement, exercera ses droits, d'après les principes déjà posés, selon la qualité de chacun des héritiers, et d'après les attributions du partage. Mais pendant la durée de l'indivision et alors que précisément on procède selon les règles du bénéfice d'inventaire pour arriver à la liquidation du passif, et ne partager que l'excédant, les règles du bénéfice d'inventaire seront-elles seules applicables? Nous éprouvons des doutes sérieux; cependant nous sommes porté à penser que l'administration de la succession indivise ne pouvant être morcelée, on devra appliquer, même aux créanciers, les principes du bénéfice d'inventaire, sauf à réserver l'effet des inscriptions conservatoires que le partage rendrait utiles au moins sur les biens échus à l'héritier pur et simple.

L'art. 2146 ne s'occupe pas des successions vacantes; mais on pense généralement que la régle tracée pour le bénéfice d'inventaire doit être suivie. Un créancier ne pourrait donc obtenir contre une telle succession une hypothèque judiciaire.

Quant à sa forme, l'inscription de l'hypothèque judiciaire est soumise aux règles ordinaires, tracées par l'art. 2148.

Deux observations seulemennt sont ici nécessaires : l'une relative à l'évaluation des créances ou des droits indéterminés, l'autre applicable à la désignation des biens.

L'art. 2148 prescrit l'évaluation des droits indéterminés, dans les cas, porte le texte, où cette évaluation est ordonnée; et, si l'on consulte les art. 2132 et 2153, on voit que l'évaluation est exigée pour l'hypothèque conventionnelle, mais que la loi en dispense les hypothèques légales de l'État, des communes, des établissements publics, des femmes mariées, des mineurs et des interdits. Aucune disposition spéciale n'existe pour les hypothèques judiciaires; doivent-elles être l'objet d'une évaluation? Si l'on s'en tient rigoureusement au texte, on répondra négativement, puisque cette évaluation *n'est pas ordonnée;* mais assurément l'évaluation est bien mieux dans l'esprit de la loi, et généralement elle a lieu dans la pratique. Il résultera du texte de l'art. 2148 que l'évaluation ne saurait être imposée comme condition de la validité de l'inscription.

L'indication de l'espèce et de la situation des biens n'est pas nécessaire dans l'inscription des hypothèques judiciaires, puisqu'elles s'étendent à tous les biens présents et à venir. Toutefois nous verrons plus loin que les art. 2161 et suivants consacrent un moyen d'arriver, dans certains cas, à la spécialité de l'inscription.

CHAPITRE IV

Des Effets de l'Hypothèque judiciaire.

Nous avons dit que l'hypothèque judiciaire est générale et qu'elle s'étend même aux biens à venir.

Le bénéfice de discussion consacré par l'art. 2170 du C. Nap. est opposable aux créanciers ayant une hypothèque judiciaire, puisque cette hypothèque est générale. Si donc un des immeubles hypothéqués avait été aliéné, le tiers détenteur pourrait contraindre le créancier à hypothèque judiciaire à discuter d'abord les immeubles affectés à la dette qui seraient restés en la main du débiteur.

En parlant de l'inscription de l'hypothèque judiciaire, nous avons indiqué que le rang des créanciers dépendait de l'ordre des inscriptions. Cela n'est pas douteux relativement aux biens appartenant au débiteur au moment de l'inscription ; mais en est-il de même pour les biens à venir ? Il faut, à notre avis, s'attacher dans tous les cas à la date des inscriptions, et ne pas faire concourir, sur les biens postérieurement parvenus au débiteur, tous les créanciers ayant des hypothèques judiciaires inscrites antérieurement.

L'aliénation des immeubles qui ont été frappés de l'hypothèque judiciaire n'altère pas le droit de suite qui appartient au créancier. L'immeuble donné en échange d'un autre immeuble reste donc soumis à l'hypothèque aussi bien que l'immeuble vendu, et puisque l'hypothèque judiciaire s'étend aux biens à venir, elle saisit à ce titre l'immeuble reçu en contre-échange. Il faut remarquer toutefois que cette dernière hypothèque devrait être considérée comme non avenue, si le contrat d'échange venait à être résolu.

On s'est demandé si l'hypothèque judiciaire résultant d'un jugement obtenu contre le mari confère hypothèque sur les conquêtes de communauté. Plusieurs hypothèses sont possibles. S'agit-il d'un créancier personnel du mari, qui avant le mariage aurait obtenu un jugement? il faudrait, pour que l'hypothèque s'étendît aux conquêts, que ces biens pussent être considérés comme biens à venir du mari. Or ils n'ont pas ce caractère, bien que les art. 1421 et suivants du C. Nap. reconnaissent au mari, comme chef de la communauté, le pouvoir de les aliéner à titre onéreux ou de les hypothéquer. Au cas d'aliénation d'un de ces immeubles, les créanciers ne pourraient donc prétendre à aucun droit de suite ; mais si, les conquêts n'ayant pas été aliénés, la communauté venait à se dissoudre, l'inscription de l'hypothèque judiciaire serait utile sur ceux qui seraient attribués par le partage au mari.

Nous appliquerions les règles qui précèdent aux créanciers personnels du mari en vertu de causes antérieures au mariage, et qui obtiendraient des jugements depuis sa célébration ; nous les appliquerions encore aux créances grevant les successions immobilières échues au mari, parce qu'il est certain que ces créances lui sont purement personnelles.

Quant aux créanciers de dettes tombées dans la communauté du chef de l'un ou de l'autre époux, ou provenant d'obligations contractées par le mari pendant le mariage, les jugements obtenus par eux emportent hypothèque judiciaire, même sur les conquêts, et cette hypothèque subsiste aussi bien sur la part de la femme acceptante que sur celle du mari.

Sous l'empire du régime dotal, les immeubles constitués en dot ne peuvent pas être hypothéqués pendant le mariage (art. 1554). Les condamnations obtenues soit contre le mari, soit contre la femme, soit contre tous les deux conjointement, n'emportent donc pas hypothèque judiciaire sur les immeubles dotaux; mais l'art. 1558 admettant que l'immeuble dotal peut être aliéné, avec autorisation de justice, pour payer les dettes de la femme ou de ceux qui ont constitué la dot, lorsque ces dettes ont une date certaine antérieure au contrat de mariage, nous pensons que l'hypothèque judiciaire doit être accordée sur les immeubles dotaux à tous les créanciers porteurs de jugements de condamnation, qui ont le droit de poursuivre leur paiement sur les immeubles dotaux. Cette hypothèque n'a rien de contraire à l'inaliénabilité dotale, et elle donne contre les tiers des avantages importants au créancier à l'égard duquel la constitution dotale n'engendre pas en définitive l'inaliénabilité.

CHAPITRE V

Conditions auxquelles est subordonnée la réduction de l'inscription de l'hypothèque judiciaire.

L'art. 2123 fait de l'hypothèque judiciaire une hypothèque générale s'étendant aux biens présents et à venir; mais les art. 2161 et suivants permettent de corriger jusqu'à un certain point ce qu'il peut y avoir de trop large dans cet avantage conféré au créancier.

L'art. 2161 ouvre au débiteur, et par conséquent à ceux qui, aux termes de l'art. 1166, peuvent exercer ces droits, car ce n'est pas là une action exclusivement attachée à la personne, la faculté de demander en justice la réduction des inscriptions prises par le créancier. Il est bien entendu que la réduction ne doit être demandée devant le juge que lorsqu'elle n'a pas lieu d'accord entre le créancier et le débiteur ; mais après une réduction conventionnelle, les art. 2161 et suivants cesseraient d'être applicables.

L'art. 2162 indique dans quels cas les inscriptions sont réputées excessives. C'est, dit-il, lorsqu'elles frappent sur plusieurs domaines, et que la valeur d'un seul ou de quelques-uns d'entre eux excède de plus d'un tiers en fonds libres le montant des créances en capital et accessoires légaux.

Le mot *domaine*, employé par l'art. 2162, est l'équivalent du mot *immeuble*, et par conséquent la réduction ne peut être exigée toutes les fois que l'inscription porte sur un seul immeuble, quelle qu'en soit d'ailleurs la valeur.

L'appréciation de la valeur des immeubles ne doit pas non plus être faite d'une manière partielle. Ainsi, dans le cas où le débiteur posséderait deux immeubles, il n'y aurait pas lieu à réduction, si aucun d'eux n'excédait de plus d'un tiers en fonds libres le montant de la créance, bien que la valeur de l'un et de l'autre dépassât la proportion fixée par la loi. Si le débiteur possédait un troisième immeuble, il pourrait obtenir la radiation de l'inscription qui subsisterait sur les deux premiers.

La loi ne s'en tient pas à fixer la proportion dans laquelle la valeur des immeubles doit excéder la créance. Elle fixe aussi le mode d'après lequel on procède à l'évaluation. Il suffit à cet égard de se reporter au texte de l'art. 2165.

Les art. 2163 et 2164 sont relatifs à la réduction de l'évaluation des créances indéterminées. Nous avons exposé les règles relatives à cette évaluation en nous occupant de l'inscription.

POSITIONS

DROIT ROMAIN.

I. En cas d'hypothèque des biens à venir, les créanciers ayant des hypothèques générales de dates différentes viendront par ordre de dates.

II. Justinien n'a pas méconnu la règle de l'indivisibilité de l'hypothèque en créant sur les biens de la succession une hypothèque légale au profit des légataires, dans la mesure seulement des parts héréditaires, et l'avantage de l'exactitude sur ce point appartient à la législation romaine et non à la nôtre.

III. Au cas où il y a chose jugée, comme au cas où il y a serment, sur l'obligation principale, l'obligation accessoire de gage doit s'évanouir en vertu de la loi 13, D. *quib. mod. pign. solv.*, et malgré la loi 60, *de cond. in deb.*

IV. Le créancier gagiste a plus qu'une simple *juris possessio :* il a une véritable possession, car il possède *corpore et animo suo.* Cette possession, complétement indépendante des caprices du débiteur, doit surtout s'expliquer par les souvenirs de l'ancienne *fiducie.*

V. Au temps de la jurisprudence classique, le possesseur de bonne foi faisait les fruits siens d'une manière complète, dès l'instant qu'ils avaient été séparés du sol ; la distinction entre les fruits existants et les fruits consommés ne date que du Bas-Empire.

VI. Bien que l'interdit *uti possidetis* soit réellement récupératoire dans le cas où la possession du défendeur est violente, clandestine ou précaire, et serve à recouvrer la possession, l'interdit *unde vi* n'était pas inutile.

VII. Pour des créances contre les particuliers, le fisc avait une hypothèque légale tacite, mais soumise à la règle : *Prior tem ore, potior jure*, et ne pouvait par conséquent être préféré aux créanciers antérieurs.

DROIT FRANÇAIS.
Droit civil.

I. Le rang des hypothèques judiciaires sur les biens à venir est déterminé par la date des inscriptions.

II. Comment le Tribunal devra-t-il procéder pour remplir la condition exigée par l'art. 2123, rendre exécutoire le jugement rendu par un tribunal étranger, et y attacher l'effet de l'hypothèque judiciaire ? Il faut distinguer.

III. Le jugement qui ordonne une reddition de compte n'emporte pas hypothèque judiciaire pour l'obligation de payer le reliquat.

IV. L'hypothèque judiciaire ne résulte pas d'une reconnaissance faite devant le juge de paix, d'une dette dont le montant dépasse le taux de la compétence du juge.

V. La subrogation a-t-elle lieu au profit de la caution qui a payé une dette contre le tiers détenteur d'un immeuble hypothéqué à la même dette ? Il faut distinguer.

VI. L'action en désaveu d'un enfant qui, par l'effet d'une légitimation, a la qualité d'enfant légitime dans une autre famille, est-elle recevable ? Non.

VII. L'hypothèque consentie par l'héritier pur et simple est-elle primée par les créanciers de la succession qui a été acceptée sous bénéfice d'inventaire par l'autre héritier? Non, sur les immeubles échus à l'héritier pur et simple, à moins que les créanciers de la succession n'aient pris l'inscription de la séparation des patrimoines dans le délai fixé par l'art. 2111 du C. Nap.

VIII. Les époux qui se marient sous le régime de communauté, peuvent-ils stipuler que la femme renonçante exercera ses reprises franches et quittes des dettes de la communauté, et par préférence aux créanciers, alors même qu'elle se serait personnellement engagée envers eux, cette clause devant être opposable aux tiers? Oui. La déclaration que la clause sera opposable aux tiers ne permet aucune incertitude et la stipulation ne nous semble pas interdite par la loi.

Droit commercial.

IX. Le porteur d'un effet de commerce revêtu d'un endossement irrégulier, qui, aux termes de l'art. 138 du C. de comm., n'est qu'une procuration, est-il recevable à prouver, par témoins ou présomptions, qu'il est donataire, et, à ce titre, propriétaire de l'effet? Non.

X. La prescription de cinq ans, dont parle l'art. 65 du Code de commerce, s'applique aux actions dirigées contre les liquidateurs en leur qualité d'associés.

XI. Lorsqu'une lettre de change fausse est payée par le tiré, la faute ne retombe pas sur le porteur de bonne foi.

Droit pénal.

XII. Le receleur d'objets soustraits frauduleusement par une femme au préjudice de son mari, n'est pas passible de la peine qu'aurait encourue la femme, à raison des circonstances aggravantes.

XIII. L'excuse légale, telle que celle qui résulte d'une provocation, ne peut être admise, alors qu'il s'agit de coups portés à un ascendant.

Droit administratif.

XIV. Les contraintes décernées par les agents administratifs dans les cas où la loi leur donne ce pouvoir emportent hypothèque judiciaire.

XV. Le brevet pris par le mari pendant la durée de la communauté est un bien de communauté et non pas un propre du mari.

XVI. Depuis la loi du 28 avril 1816, tous les objets destinés à la consommation locale peuvent, bien que ne rentrant pas dans les cinq catégories déterminées par le décret de 1809 et l'ordonnance de 1814, être assujettis au droit d'octroi.

XVII. Au surplus, et malgré les graves considérations qui pourraient légitimer une distinction, la loi ne semble pas soustraire au droit d'octroi les objets qui devront être consommés dans les établissements industriels pour la préparation des produits destinés au commerce général.

Histoire du Droit.

XVIII. La complète organisation d'un régime municipal pouvait se présenter en dehors de l'application du *jus italicum*.

XIX. Le premier germe du pouvoir du seigneur se trouve dans le *patrociniat vicorum*.

XX. Le principe de la non-successibilité des femmes au

trône de France ne résulte pas directement du texte de la loi salique, que cependant on peut invoquer.

Droit des Gens.

XXI. Les tribunaux français sont incompétents pour connaître des contestations purement personnelles ou mobilières qui s'élèvent entre des étrangers.

XXII. La caution ne peut être exigée de l'étranger demandeur par l'étranger défendeur, comme elle pourrait l'être par le français défendeur.

XXIII. Aucune juridiction en France n'est compétente pour connaître de la poursuite exercée par un Français contre un gouvernement étranger. Le créancier peut seulement se pourvoir pour obtenir, dans son intérêt, une intervention diplomatique.

Le Président,
E. DE VALROGER.

Vu par le Doyen,
C. A. PELLAT.

Permis d'imprimer,

Le Vice-Recteur de l'Académie de la Seine,
ARTAUD.

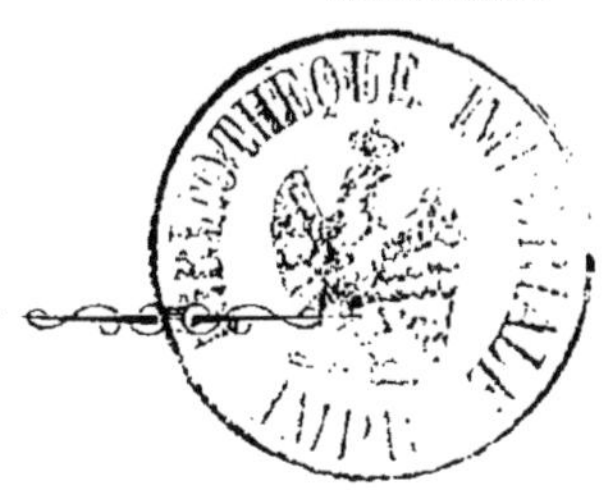

4568   Paris. — Typographie Renou et Maulde, rue de Rivoli, 144.

9 782019 263683